トミタ栞の東京歩き本

Shiori Tomita's Walking in Tokyo BOOK

著者・イラスト / トミタ栞

編 /『バァフアウト!』編集部

趣味は歩き回ること。

どーも。トミタ栞です。
私は2013年にCDデビューし、まだまだ未熟ながらも、舞台やドラマ、バラエティなどいわゆる芸能のお仕事をさせていただいています！
その中で、2013年9月号から雑誌『バァフアウト！』で約5年間に渡り毎月連載をさせてもらってきました。
連載タイトル"トミタ栞の趣味は、歩き回ること。"と題して、実際に3時間ほど駅から駅までを歩く、修行の様な実験の様な内容です（笑）。

もともと私は、岐阜県の飛騨高山というところの出身で、いい感じの田舎育ちです。
上京したのは18歳。電車の乗り換えアプリとGoogleマップと時々人に尋ねながら生活する中で、地元とは違い、駅と駅が数分で歩けることに感動をしました。（←めちゃピュアw）
電車賃を浮かして、街と街を足で繋ぐ楽しさを、CDデビューのタイミングで雑誌の編集の方に話したら、「お散歩の連載をしませんか？」と声をかけてもらいました。
それが5年間の連載の起源でもあり、この本の軸です。

トミタ栞 SHIORI TOMITA

2012年木村カエラらを輩出した、人気音楽情報バラエティ番組「saku saku」(テレビ神奈川)の5代目MCに抜擢される。2013年6月ミニアルバム『トミタ栞』でエピックレコードジャパンからCDデビュー。バラエティ番組や、ドラマ、舞台など、幅広く活躍中！毎週火曜22:00〜ラジオ番組Fm yokohama「だめラジオ」に出演中。

この書籍は、当時19歳だった私の「シモキタアルキタイ！」から始まった、実際に連載で紹介した街を厳選して紹介しています。

連載では、ただあてもなく街を歩いていただけでしたが、今回の書籍化に伴い、私の最近の行きつけのお店や、編集部、お友達のオススメ情報が追加されています。

私のことを5年間も見てきた方々なので、どれも私の欲しい情報ばかり。本当に素敵なお散歩本になっています。

東京をよく知る人も、東京に詳しくない人も、そして、かつての私のように東京生活駆け出し中の人も、いろんな人の手に渡ることを願っています。

この度、数あるお散歩本の中で、この本を手に取ってくださり、ありがとうございます。

はじめに 〜趣味は歩き回ること。〜 ... 04

代々木上原〜下北沢 ... 08
路地裏に名所アリ！　魅惑の猫スポットも！記念すべき連載第1回目で行った街！

神楽坂 ... 14
路地裏に名所アリ！　魅惑の猫スポットも！

麻布十番 ... 18
地元のマダムたちに聞いた、絶対に外さない店とは？

松陰神社前 ... 22
センスが溢れる、注目度の高い店が密集するエリア

大岡山 ... 26
名物商店街を大フィーチュア！　のんびり散策も！

神保町 ... 30
街屈指の書店員に聞いた「散歩に持ち歩きたい本」とは？

方南町 ... 34
「方南町遊園地化プロジェクト」に迫る！

高円寺 ... 38
トミタ行きつけの店をここぞと紹介します

築地 ... 42
軒を連ねる○○専門店の中でもここは外せない！

上野 ... 46
昭和感あふれるレトロな店がいっぱい！

コンテンツ !!!

- 50 馬喰町 東京随一の現金専門問屋街と、注目のホステル
- 54 合羽橋 料理・調理道具を探すならやっぱりここ！
- 58 大森 貴重な史跡と風情を楽しめる街
- 62 都立大学 トミタの友人・はらぺこめがねさんと行く都立大
- 66 明治神宮前 明治神宮からの代々木八幡・代々木公園エリア
- 70 蔵前 下町文化と融合する、異国の食カルチャー！
- 74 野毛 『だめラジオ』スタッフが野毛を案内
- 76 関内 トミタ縁の人々のオススメ！
- 78 まだまだ行った！こんな街、あんな街！
- 84 春夏秋冬お散歩コーデ
- 88 四コマ漫画で見るお散歩裏話
- 90 おわりに

東京都23区&神奈川県 MAP

yoyogi-uehara
simokitazawa

代々木上原
～下北沢

都内有数の高級住宅地といわれる代々木上原は、ハイセンスな店が立ち並ぶ一方で、商店街や老舗も数多く残る街。25分ほど歩けば雰囲気はガラリと変わり、演劇や古着、カレーなど様々なカルチャーがひしめき合う下北沢が現れる。

記念すべき連載第一回目はトミタ初上陸の代々木上原からスタート！ 猛暑の中でも足取り軽く、住宅街や商店街を散歩すると、そのまま下北沢へ。以前にも洋服を買いに来たことがあるそうで、古着屋のオーバーオールを見つけると吟味していました。
※2013.9&10月号

access 　小田急小田原線、千代田線の2路線が交差する代々木上原は、新宿から約10分と好アクセス。井の頭通りを富ヶ谷方面へ向かえば、代々木八幡や代々木公園があり、この界隈を散歩する人も多い。中野通りを西へ向かうと東北沢、さらに進むと池ノ上があり住宅街を抜けると下北沢エリアとなる。再開発が進む下北沢は小田急小田原線、京王井の頭線が利用でき、2019年3月に新駅舎が完成予定。

並んででも食べたい！
ミシュランギョウザ

おしゃれな店が立ち並ぶ代々木上原エリアは、実はミシュランの良コスパ部門「ビブグルマン」に選出された餃子店が2軒も！ 食通や芸能人も通う名店は来訪必至です。

プリップリ

具材たっぷり

外はカリッ！中はモチモチ！

按田餃子 代々木上原店

有機ハトムギを殻ごと練り込んだ皮で包む水餃子は、美味しさとデトックス効果の両方を得られるのが嬉しい。定番の白菜餡ほか乾燥アミエビやココナッツチップスが入った「鶏香菜と胡瓜」はオリエンタルな味わいで、クセになること間違いなし！

卓上のオリジナル調味料も購入可能。カレー風味の「味の要」はファン多し。

渋谷区西原3-21-2
☎03-6407-8813
11:30〜23:00(LO22:30)
㈭定休日なし

ジュー

您好 (ニイハオ)

ざく切りの白菜＆キャベツに粗刻みの豚肩ロースと、ボリューム満点な餡が特徴。一度茹でてから両面を焼くことで絶妙なカリッ、モチッ食感が楽しめる一番人気の焼き餃子や、揚げ、水餃子と三者三様の味わいがあるので、シェアして食べるのがオススメ。

渋谷区西原2-27-4 升本ビル2F
☎03-3465-0747
17:00〜23:30(LO23:00)
㈭日

茹で餃子を水溶き上新粉に浸してから焼くことが食感を生む秘訣だそう。

ロケ弁で有名なお店発見！

閑静な住宅街で住みやすそう！

身体よろこぶ
ヘルシースイーツ

見た目の美しさだけでなく、原料や製法にもこだわったスイーツ店が駅周辺に点在。素材の味がしっかりと生きた身体に優しい逸品は手土産にもぴったり！

和のかし 巡

小豆を皮ごと使用したなめらか餡を、備長炭などを練り込んだ餅玄米の皮で包む「福巡り」は売り切れ必至。砂糖不使用、血糖値の上昇を抑える有機アガベシロップで甘みをつけている。

渋谷区上原3-2-1 ☎03-5738-8050
10:30〜18:00 ㈭月

甘みほんのり

太田屋豆腐店

80年以上続く老舗豆腐店の隠れた名物が手作りの杏仁豆腐。1つ100円という価格も驚きだけど、すっきりとした優しい甘さと歯ざわりは何個でも食べちゃいそう。搾りたて豆乳もトライしてみて。

渋谷区上原1-22-5
☎03-3467-2365 7:00〜19:00
㈭日・祝

おしゃれなパッケージ

ミレイネ

動物性原料を一切使用していないヴィーガンスイーツ専門店。焼き菓子はどれも軽い食感なのに、味もしっかり、満足度も十分です。甜菜糖の粉糖がかかった「ほろほろクッキー」は店イチオシ。

渋谷区西原3-24-8 ノグチビル1F
☎非公開 11:00〜18:00 ㈭月・火
※画像は旧パッケージです

なめらかなのどごし

"選ぶ楽しみ"がある幸せ！

EW.Pharmacy

薬局をコンセプトにしたドライフラワー専門店。オーストラリアや南アフリカなど、世界中から空輸で届いた花を仕入れ、20種類ほどが並ぶ。花の名前だけでなく、花言葉や豆知識も書かれたメニュー表を見ながら自分流に「調合」する楽しみが嬉しい。

渋谷区富ヶ谷1-14-11
☎03-6407-0701
13:00～20:00
㈹不定休

オーナー's voice

2店舗を営むのは、ミュージシャンのMVの装花や企業とのコラボまで幅広く手掛ける、フラワークリエイターの篠崎恵美さん。「お花をずっと可愛いく、命を無駄にしないというプロジェクトで、昨年〈EW.Pharmacy〉をオープンしたんです。〈edenworks bedroom〉は、お家にお客様を招くイメージで空間を作りました。ぜひベッドの周りをぐるぐるしながら、お花選びを楽しんでください」

薬瓶やガラスドームに入ったパッケージはギフトに最適。男性客にも人気なのだそう。

色も形も完璧なベゴニアの花を発見し、「こういう奇跡みたいな気付きが日々あるのが嬉しいんです」と篠崎さん。

業界人も通う 個性派花屋

さまざまな花屋を有する代々木上原の中でも、注目はミュージシャンやカメラマンなど、エンタメ業界が熱視線を送る店。ひと味違う空間です。

edenworks bedroom

扉を開けた瞬間の生花の香りと、ベッドの上に並んだ多種多様な花の装飾は圧巻！篠崎さんがディレクションした和紙製の花「PAPER EDEN」や、ドライフラワーが封入された「お花の手紙」(発送可能)など、ここでしか出会えないオリジナル商品も素敵。

人と花を繋ぐ集いの場

渋谷区元代々木町8-8
motoyoyogi leaf 3F
☎非公開　13:00～20:00
㈹土・日のみ営業

アレンジメントの依頼は、自宅用はもちろん、ウェディングブーケ、お祝いのスタンド花もOK。

店長's voice

会話しながらも、手際良く花を束ねていく店長の堀川英男さん。「常にライヴ感を大切にしていますね。お客さんとの会話にヒントを得て、例えば好きな音楽や映画の話とか。そこから、その方にあった花束を作っていきます。僕も新しい発見があるので、楽しいんです」

海外の珍種も揃うユニーク花屋

ムギハナ

生き生きと育った植物たちをくぐって入る店内には、100種類ほどの花々が所せましと並ぶ。街の花屋さんではあまり見かけることのない海外の珍しい品種も多数あるので、贈り物にしても喜んでもらえそう。カメラマンなども信頼を寄せる、納得の仕上がりです。

渋谷区上原1-36-14
☎03-3485-2002
10:00～19:00
(火曜は～17:00)
㈹なし

疲れたので階段で休憩(笑)

可愛らしいアートを発見！

10

トルコ文化を体感!

ドドーン!
すごい神々しさ!

東京ジャーミイ・トルコ文化センター

日本最大級のイスラーム教徒の礼拝所。駅近くの高台にあるので、街を散策していると美しいオスマン・トルコ様式の建物は遠くからでも確認できるはず。諸外国の外交官らも訪れるこのモスクは、一般の人でも予約なしで見学可能。土・日の14:30からは「東京ジャーミイ・ツアー」というガイドツアーもある。

渋谷区大山町1-19 ☎03-5790-0760
10:00～18:00 ㈹年中無休

モスクの中は…

2階の礼拝堂は、壁から天井にかけて描かれた繊細なアラベスク模様とステンドグラス、カリグラフィ、その装飾の全てがどこを切り取っても絵になる美しさ。オスマン・トルコのファブリックを用いたイスがある図書コーナーや、伝統的なトルコ民家の応接間など、隅々までトルコの文化を感じられる作りがいっぱい!

美しいカリグラフィ

建物内では、聖典クルアーンなどの言葉が記された、アラビア語のカリグラフィ装飾があちこちに見られる。

お土産も買えるよ!

1階のお土産コーナーでは、礼拝時に使用するマットや、木の枝でできた天然の歯ブラシ、色鮮やかな器など様々な商品を販売。

上原歴40年!

広報・下山さんに聞きました!

「今でこそオシャレなお店が増えて、若い女の子たちも遊びにくるようなエリアとなった代々木上原ですけど、明治時代は牧場もある自然豊かな土地だったんです。小田急線や千代田線が開通して、小高い丘の街だった上原がだんだんとハイソになっていった。〈ISSEY MIIYAKE〉のようなアパレルのビルも増えてね。ちなみに〈東京ジャーミイ〉は昭和13年、山手通りができてすぐに建てられました。その頃は〈東京回教礼拝堂〉という名前だったんですよ。」

このまま歩いて下北にゴー!

ランチはここがおすすめ

豆と野菜のコロッケ〈ファラーフェル〉をピタパンで挟んだサンドウィッチや、など様々な南エジプト料理が楽しめる。テイクアウトもOK。

Deli Shop うちむら

世田谷区北澤3-2-11
☎03-3468-2715
11:00～20:30
(15:00～17:00休憩)
㈹日・第三月曜

元・東北沢の聖地が笹塚へ

アットホームで素敵な所ばかり

スナック喫茶 チェリー

名物ママ・ピンコさんとフクちゃんが迎えてくれる、居心地良いスナック喫茶。東北沢に店を構えていた頃は松田優作も足しげく通ったそうで、昨年、笹塚駅近くに越してからも人気は衰えず、店は「生涯無休」を掲げている。帰りにママが手渡してくれる豆乳と落花生のギフトが嬉しい。

世田谷区北澤5-36-12 ☎03-3469-2988
15:30～翌6:00 ㈹年中無休

店内には、ママがその時浮かんだ言葉や想いを日々書き留めた、歴代の「言葉のノート」がぎっしり。心(ひと)はころんだけ伸びるんだよ」など、じんわり染み入るオリジナルの言葉の数々が素敵です。

下北沢には ブラウンズブックスがあります！

[編集部員オススメのお店を紹介！]

出汁しみしみの「ひじきの炊いたん」は食感・味ともに◎。朝ご飯でも食べたい一品です

編集部員 多田メラニー

晴 -haru-
京都・嵐山出身の店主が手掛ける、おばんざい居酒屋。京野菜や嵐山の油揚げなど、地元食材にこだわった料理の数々は、まさにオカンの味。営業中はいつでもオーダー可なのも嬉しい！

世田谷区北沢2-9-23 ☎非公開 0:00〜7:00 ㊡不定休

インターン時代、初めて編集部を訪れた時に連れて行ってもらった思い出の場所です！

編集部員 上野綾子

おじゃが
今年で20周年を迎える定食屋。ランチのラストオーダーは16時と遅め。喫煙席と禁煙席とあり、夜は屋久島の特産物を活かした居酒屋メニューが豊富。手作りの無添加お菓子も絶品です！

世田谷区北沢2-35-15 ☎03-3460-4188
11:30〜22:30 ㊡年中無休

Brown's Books&Café
トミタ栞の連載を掲載していたバァフアウト！編集部は下北沢に。週末限定でブックカフェを運営、バァフのバックナンバーも揃っています。先行発売や、購入者特典として表紙のポスターが店舗で付くのはここだけ。

世田谷区代沢5-32-13 露崎商店5F
☎03-6805-2640 [土・日]13:00〜20:00 ㊡月〜金(不定休)

BARFOUT!とは？

『バァフアウト！』はアフリカン・アメリカンのスラングで「吐き出す」という意味。1992年に発刊。音楽、映画などのエンタテインメントと様々な表現者を紹介しています。

トミタの連載が掲載されてた雑誌だよ

BARFOUT!の ファウンダー(創立者)の 下北沢LOVE！

下北沢案内人

山崎二郎
雑誌好きが高じ『バァフアウト！』、『ステッピンアウト！』、『ムーヴィリスト』創刊。移動＆旅＆カフェ＆スパイシー・フード好き。週末野球選手と自称して2017年129盗塁らしい(苦笑)。

僕の1日は〈スターバックス コーヒー 代沢5丁目店〉に7時30分のオープンと同時に駆け込むことから始まります。通常の〈スタバ〉とは違うメニューで、珍しく店内にワンワン・スペースがあり、ワンワンも携帯も邪魔にして、ボーッとする朝のひとときがいいんです！不思議とアイデアが湧く湧くワクワク。ピールやワインも置いてあるんです。で、近くの編集部に行き、みんなと「ハロー！」して、しばし雑務ワーク。で、ランチですよ！毎日ここの、上質なギーをふんだんに使い、モチモチした美味しい玄米とのコンビネーションのチキンカレー食べたい！と思わせるのが、なんと！グルテンフリーとも言わせるのカフェ〈innings+〉。オーナー＆シェフは、なんと！元プロ野球選手の米野智人さん。美味しいカレーもいただき、バッティングのアドヴァイスもいただき、ありがとうございますよ！

「ガツっと肉！」を所望した時

は、老舗の洋食〈バリエ〉。ハンバーグもステーキも美味しい！「辛いものを食べたい！」と渇望した時はタイ料理の〈ラークパクチー〉。ココナッツ・ミルクが入ってない薬膳的な「森のカレー」が絶品！ 当然に辛くしてくださいとオーダー。菜をアテにして飲むのも一興。そう、待望の夜ですよ！まずは下北沢が誇る焼き鳥の名店〈和楽互尊〉。カウンターに積まれた塩のタワーがインパクト。それもそのはず、博多スタイルで塩で食べさせるのですが、すぐになくなる二ラが巻いたつくね、そして「こんな形状の手羽先があったんだ！」とお連れした方がみなさん驚く手羽先が絶品！ あ、珍しいクスクスが看板メニューのフレンチビストロ〈クスクスルージール〉。羊っていつもオーダーしないけど、クスクスとの相性が合う合う「炭火焼き子羊のクスクス」が絶品。ワインもリーズナブルないいチョイス。

12

池ノ上カルチャーを担う店

リラックスした雰囲気が最高の古着屋

STRANGER

音楽、映画カルチャーに精通するオーナーがNYで買い付けた逸品ばかり。洋服はもちろん、アクセサリーやマンハッタンの老舗本屋で見つけたトートバッグなど、目移りするほどアイテムが豊富！

世田谷区代沢2-36-26 小坂ビル208 ☎03-6337-3766
14:00〜22:00 ㊡月

自由な空気に満ち満ちたカルチャー発信地

MIN-NANO

陳列された洋服や雑貨は日本だけでなくアメリカ、オーストラリアで買い付けた珍しいブランド。元自転車屋の名残で、サドルなどのアイテムもあり。商品の入荷は不定期なのでSNSは要チェック！

世田谷区北沢1-31-5 ☎03-5465-2242 月火:15:00〜20:00
木金:15:00〜21:00 土祝:12:00〜20:00
㊡水、日

代々木上原から下北沢までたっぷり歩いた♡

いろんなお店がいっぱい！

下北沢から徒歩圏内の池ノ上にある

QUIET NOISE arts and break

池ノ上にあったワイン・バーでソムリエをされていた女性がここだけのために作るデザート。土日はお茶をしにくるだけの方もいる。コーヒー飲んでほっこり。

インティメイトな距離感が特徴のアート・ギャラリー。アーティストとの交流も深く、ディレクター・井上竜介さん視点のエッジの立った作品が並ぶ。『バァアウト!』で撮影をお願いしたこともある、写真家・蓮井元彦さんや草野庸子さんの企画展も。

世田谷区代沢2-45-2 1F
土日祝:11:00〜20:00
（平日アポイント制のため、
info@quietnoise.jpまたは
03-5738-8440まで）

ギャラリー・マネージャーの井上裕子さんは「日々の生活にアートを取り入れるライフスタイルを、もっと広めていきたい」と語る。ちなみに竜介さんは下北沢で超お勧めのバー〈CANDLE CAFE 12〉店主。夕方18時から朝の6時まで営業中！

編集部員 堂前 茜

バリエ
世田谷区代沢2-29-12 ファミール北沢1F
☎03-3419-0865
11:00〜14:30、17:00〜22:00 ㊡木

inning＋
世田谷区代田5-34-21 ☎03-5712-3588
11:30〜16:00、18:00〜23:00
㊡火・毎月第3月曜

スターバックス コーヒー 代沢5丁目店
世田谷区代沢5-8-13 クリークス代沢
☎03-5431-5250
7:30〜22:00 ㊡年中無休

クスクス ルージール
世田谷区北沢3-21-5 ユーワハイツ北沢1F
☎03-6407-1988
18:00〜23:00 ㊡水

和楽互尊
世田谷区北沢2-9-1 大新ビル2F
☎03-3468-7688
17:00〜24:00 ㊡日

タイのごはん。ラークパクチー
世田谷区代沢5丁目6-14 前田ビル2階
☎03-5432-9224 11:30〜15:00（水曜ランチ休み）、18:00〜23:00 ㊡火

kagurazaka
神楽坂

伝統と歴史、モダンな雰囲気が混在する神楽坂は、近年ドラマや映画の舞台としても人気。花街の風情が色濃く残る石畳の横丁を歩けば、一見さんお断りの料亭や小粋なフレンチなど、大人の街の風格ものぞかせる。

当時20歳のトミタは「テレビで見て行きたかったところです！」と、訪問を楽しみにしていたそう。様々な店が連なる商店街を歩きながら、顔のサイズほどある肉まんに舌鼓を打ったり、不動産屋に張られた物件の張り紙を見て家賃に驚いたり。表情豊かに散歩を楽しみました。
※2016.8月号

access　外堀通りと大久保通りまでを結ぶ、早稲田通りの一部「神楽坂通り」。有楽町線・飯田橋駅B3出口で降りれば実はすぐにメインの通りに出られてしまう。ディープな街巡りをするなら、東西線・神楽坂駅や大江戸線牛込神楽坂駅で降りるのがオススメ。坂の種類がとにかく多く、「袖摺坂」(すれ違う人がお互いの袖を摺り合わした)のように、面白い名前や由来も確認できる。

路地裏を歩こう！

神楽坂散歩の醍醐味は裏道！ 多くの人で賑わうメインの商店街から一本外れると、歩いてみないと気がつかないお店が意外と多いんです。

良さそうな道発見！

1点モノに出会える
インタレスト
ファッションやトレンドを追うのではなく、「扱うのは縫製一つからこだわるブランドのみ」という、神楽坂で人気のセレクトショップ。レディース服をメインに10種類ほどのブランドがあり、そのどれもが製法や素材など"語りどころ"のある逸品ばかりだ。ラックに飾られたスタッフのコーディネート写真も参考になる。

新宿区袋町2 鈴木ビル1-A
☎03-6457-5360
12:00～19:00　休火

繊細なデザイン

芸能人にもファンが多い、人気ブランド〈LOKITHO〉のドレスを発見。陰影を感じる独自の刺繍が美しい。

超シュールな公園!?
あかぎ児童遊園
赤城神社のほど近く、住宅街を入っていくと現れたのはゾウが縦に2頭繋がった滑り台。顔が少しリアルなのが怖いけど面白い。

フワワがお出迎え

"かわいい"の宝庫！
Toddlepuft
こんなにもカラフル＆ポップで楽しい喫茶店が神楽坂にあるとは！ 人気の自家製ベイクドチーズケーキや、アメリカンダイナーにありそうなシェイクは写真に収めたい可愛さ。店内に所狭しと並ぶユニークな雑貨や絵に囲まれて、気分も上がる。

新宿区赤城下町64
☎03-3260-3787
11:30～18:00
休不定休

いい感じのお店がたくさん！

良コスパディナーならココ！
Yakitori Brochette Kagurazaka
プチ・パリと呼ばれる神楽坂らしく、日本の焼き鳥店なのにフランス語で書かれたメニューがあり、オーダーもフランス語が飛び交う。人気はジューシーで歯ごたえのある「せせり焼き」や、塩でさっぱりと味付けをした「相鴨」。一串200～400円ほどで、質の良い焼き鳥を味わえるのは嬉しい。種類豊富なワインと共に。

新宿区神楽坂6-8プロシェット
☎070-6443-7723　18:00～23:00（土・日・祝は16:00～）　休年中無休

Bonjour!

フランス人スタッフが焼いてくれるのもなんだか新鮮。ぜひ会話も楽しんで。

魅惑の猫スポット

猫好きさん必見!

夏目漱石が晩年を過ごした神楽坂は猫との縁も深い。近年は『化け猫フェスティバル』などのお祭りも開催。

猫グッズなら何でもそろう!

店内にあるレトロなポストは、ちゃんと手紙が送れるんです。来店記念にどうぞ。

樹齢250年を超えるご神木から作られた、貴重な眠り猫の絵馬も店内に展示。

ねこの郵便局というなまえのお店

前後左右、隅々まで猫グッズが置いてある雑貨店。店主の趣味で集め始めた猫切手だけでも常時100種類ほどあり、掘り出し物に出会えそうなワクワク感に包まれる。神楽坂を舞台にしたドラマロケ地に近く、店主のドラマ推しも人気。ファンの聖地となっている。

新宿区矢来町162
☎070-5562-4125
13:00〜17:00
㊡不定休

猫情報

赤城神社横の坂を江戸川橋方面に下った周囲裏道は、遭遇率高め。猫たちのご飯タイムを狙って夕方に飲食店付近を廻るのも良さそう。

すてきな作品がたくさん!

カップス神楽坂

有田焼を中心に、日本各地の作家が手掛けた上質な作品を販売する器のセレクトショップ。入店すると目に飛び込んでくる可愛らしい猫のアイテムは自宅での日常使いから、贈り物にも最適なものばかり。写真の展示にもこだわりがあり、フォトジンの販売もおこなっている。

新宿区矢来町112　☎03-5225-0282
11:00〜19:00　㊡月

猫を象った箸置きなど、カトラリー系も豊富。しっぽ風の持ち手と足がはえたマグカップは置いておくだけでも可愛い。

癒しの空間

アンティークな照明器具の横には、寸ちゃんのあくびの瞬間を捉えたチェキ写真が。

マンヂウカフェ　ムギマル2

蒸したてフカフカの手作りマンヂウが味わえる古民家カフェ。雰囲気たっぷりの店内でお客さんを迎えるのが、猫のトンちゃん(兄)と寸ちゃん(妹)。看板猫といってもふらりと遊びに出ることも多い彼ら。「会えたらラッキー」と、気長に待とう。

新宿区神楽坂5-20　☎03-5228-6393
12:00〜21:00　㊡水

トンちゃん

寸ちゃん

愛嬌振りまくトンちゃんと、我が道を貫く寸ちゃん。どっちのタイプが好き?

16

ちょっとイイもの
神楽坂みやげ

気の利いた手土産を購入するのにぴったりな人気店を厳選して紹介。自用にもついつい買ってしまいそう…。

オススメ
風邪予防や美容に効く、濃厚な味わいが人気の〈ALL BLACKS®〉マヌカハニー。日本正規総輸入代理店だから安心。

ムギュっと食感

自立するプリン!?

ACHO 神楽坂
常時9種類ほどラインアップするプリンは、トロトロ過ぎず固すぎず、カップから器に盛りつけてもしっかり自立する感動の柔らかさ！クッキーやスコーン、タルトなどの焼き菓子は、ぜひお土産に。可愛いパッケージは開ける楽しみも倍増。

新宿区矢来町103
☎03-3269-8933
11:00〜19:00
(日・祝日は18:30まで)
㊡火、第3水

コボちゃん像を発見！

神楽坂駅の程近く、商店街内を歩くと見られるのが約1mほどのコボちゃん像。季節によって変わる衣装が可愛く、写真はハロウィーン仕様のコボちゃん。

食べ歩きも神楽坂の醍醐味なり！

PBees

ニュージーランド産の生はちみつ専門店。花によって味や色、香りが違うから、試食の手が止まらなくなること間違いなし。オリジナルスイーツも充実していて、人気の「ハニどら」は、おからを練り込みだしっかりとした皮と、なめらかなクリームチーズの相性がばっちり。

新宿区箪笥町18-3 コスモシティ市ヶ谷 1F
☎03-3235-7858　10:00〜19:00
㊡年中無休(年末年始を除く)

飯田橋まで歩いたよ

神楽坂 穂の花
こじんまりとした店内を一歩入ると、箸の種類の多さにまず圧倒される。箸置やご飯茶碗なども販売しているので、神楽坂を訪れた記念にセットで購入するのも良さそう。サイズ目安表で手の大きさを知れば、ぴったりフィットする理想の箸を見つけられるはず。

新宿区神楽坂6-58-3　☎03-6265-0344
11:00〜20:00　㊡水

ぴったりの逸品が見つかる！

箸先を極限まで細く削った店主こだわりの「極細はし」は、美しく使用感も◎。

ボルカン
コスタリカの農園から直輸入した豆を毎日店内で焙煎するオリジナルコーヒーは、ブレンドで1杯150円(Mサイズ)！コスパの良さと、肩肘張らない地域住民の憩いの場のような雰囲気から、特にお昼時になるとテラス席はくつろぎにきた人でいっぱいになる。

新宿区細工町1-2
☎03-3260-4588
10:00〜19:00(土曜は18:00まで)
㊡日・祝

ご近所さん御用達カフェでまったり

ゴゥン、ゴゥン、

種類も豊富

店内の大きな焙煎機では毎日40kgほどの生豆を焙煎している。初めて飲む人には、クセのない中炒りの「ボルカンアスール」がおすすめ！

azabujuban
麻布十番

2000年の南北線開通までタクシー、バスでしか行けないことから"陸の孤島"と呼ばれていた麻布十番。今はハイソサエティなイメージが根付いたが、昔ながらの下町風情も残る。周辺に大使館が多く、集まる店も国際色豊か。

麻布十番は連載で2度訪れ、両方ともトミタの大好きな「納涼まつり」を巡るという思い出深い街。初めは浴衣を着てしっとり…と思ったものの、暑さと動きづらさで大変だったようで、2度目はロングTシャツにスカート、ブーツとシフトチェンジ。グルメにお酒と大満喫でした！

※2015.10月号

access 港区の中心に位置する麻布エリア。麻布十番のほかにも西麻布、麻布台、東麻布、麻布長坂町、南麻布、麻布狸穴町、元麻布と"麻布"と名のつく地域は8箇所もある。東京メトロ南北線、都営大江戸線の2路線が通る麻布十番は、低地で周りを坂が取り囲む地形なので、どこへ行くにも坂道は避けて通れない。都営バスのほか、港区のコミュニティバス「ちいばす」でもアクセス可。

麻布十番 納涼まつり

トミタも大好き！

毎年8月の終わりに行われる、商店街を挙げた大規模なお祭り。2018年は、なんと40万人ほどが来場したそう！ トミタも連載中2回は訪れた、想い出の場所です。

名店＆老舗がズラリ

地元民が愛する老舗おでんや高級イタリアンなど、商店街の道をグルメ屋台が埋めつくす。混雑時は人の流れが早いので通り過ぎてしまうことも。お目当てがあれば商店街のHPで位置をチェックしておこう。

良い匂いにつられて行くと、オマール海老の鉄板焼きを発見。しっとりした身とソースの組み合わせが最高です。

旅行者も安心！

港区の観光ガイドブックや、「まちあるきMAP」なるものも無料で配布。祭りを堪能した後もスポット探しに重宝しそう。

全国の名産品

日本各地の市町村が参加する、「おらがくに自慢」エリアも人気。東京ではなかなか味わえないグルメや、希少な地酒などが目白押しだ。

夏祭りといえばコレ！ 家族みんなで楽しもう

トミタも夢中になって遊んだヨーヨー釣りやスーパーボールすくいは、世代を問わず大人気。縁日の定番、チョコバナナとリンゴ飴もスルーできない！

トミタの感想

やっぱり浴衣を着たらお祭りに行かなきゃと思いますね。めっちゃ楽しかったです！ 東京って、普段から人が多くてお祭りがあるような状態じゃないですか。そこでお祭りがあると、こうなるのかと(笑)。麻布十番の祭りというだけあって、オリジナリティのある店が多かったですね。

焼きイカうまし！

モグモグ…

やっぱりこの祭りが一番東京っぽい！

しっとりミルキー感

お腹すいた…良い店あるかな？

唇がキュート♡

フランス直送のチーズを使用した「タルト・オ・フロマージュ」は、チーズ好きさんなら絶対ハマる逸品！

beillevaire 麻布十番店

日本第一号店として昨年上陸したフロマジュリーで食べられるのは、プレミアムチーズや発酵バターで作るフランス発スイーツ。バタークリームをサブレでサンドした「サンド・オ・ブール」は濃厚で香り高く、手のひらに収まるサイズも◎。

港区元麻布3-11-8　☎03-6447-5471
10:00〜21:00　㊡年中無休

麻布十番 紀文堂

知る人ぞ知る商店街の老舗和菓子店。有機素材のみを使用し、昔ながらの製法で作る伝統の和菓子は、芸能人にもファンが多い。鬼ざらめ入りのこしあんが味わい深い定番の人形焼きや、季節限定品などクリームの種類が豊富なワッフルは冷めても美味しい。

港区麻布十番2-4-9
☎03-3451-8918
9:30〜19:00　㊡火

ちょっと一息ぃぃ

商店街の中心に位置する「パティオ十番」。階段状になっているので座りやすく、平日のお昼はここでお弁当を広げている人も。

小腹を満たす

麻布グルメ

美味しいもの探しには事欠かない麻布十番。お腹にちょっとすき間ができたなら、寄り道してエネルギーチャージ。手軽に味わえる散歩のお供を探しにいこう。

お腹も心も大満足！

熱々を召し上がれ

サンモリッツ名花堂

創業70年以上の歴史を誇る街のパン屋さん。具材がはみ出すほどボリュームたっぷりな総菜パンや、菓子パン、ケーキと、どれもシンプルで懐かしさを感じる味わい。乾燥しないよう、パンそれぞれにラップをかけてくれる一手間が嬉しい。

港区元麻布3-11-6　☎03-3408-6381　6:00〜20:00　㊡月、木

楽万コロッケ

こだわりの「羅臼のこんぶ塩」をかけて食す、麻布の人気コロッケ店。多い時で1日1000個は売り上げるという「特上コロッケ」は、北海道・ニセコのジャガイモと千切りの国産和牛がたっぷり。揚げたてを食べられるのは19時半まで。

港区麻布十番1-5-26　☎03-6434-0664　11:00〜20:00　㊡年中無休

20

独特の風合いが素敵な家具店

麻布十番 イチオシ店

道行くおしゃれママさんに聞いた！

地元住民の行きつけが知りたい！ということで、セレクトセンスが高そうなおしゃれママさんたちを直撃取材。絶対はずさないお店を聞いてきました。

木材の他にも、バイクのナンバープレートから作ったペンケースや、スタイリッシュな蚊取り線香入れなど小物類が充実。ギフトにも喜ばれそう。

廃材家具 gleam 麻布店

インド洋で使われていた漁船や古民家などの廃材をリユースし、家具や雑貨として新たに命を吹き込む注目の家具ブランド。一切加工を施すことなく、ペンキのハゲやかすれなど、経年変化によって生まれた自然の表情を尊重している。デザイン料は無料で、用途に合わせた家具の注文も受け付けている。

港区元麻布3-10-9
☎03-6804-6308
12:00〜20:00
㊡月・火

ドラム缶をリメイク!!

ここが好き！
引っ越しの際、オシャレでちょっと変わった家具が欲しくてお店でオーダーしました。廃材でも耐久性があるので、使用感も良いです。

裁断したドラム缶のフチを叩いて、丸みを帯びたランプシェードにリメイク。柔らかな光を放ちます。

見どころいっぱいだね

どれも個性的！

謎のモニュメント発見！
パティオ十番の目の前にある「微笑みのモニュメント 中と外の響き」。ドイツ大使館の協力で作られたものなのだそう。

絵画のような色彩にホレボレ

猫かわいー

人気の猫彫刻家・小嶋伸氏がデザインした「猫いっぱい」の手ぬぐいがトートバッグに。軽くて手触りも良い。歌舞伎舞踊をモチーフにした「歌舞伎衣裳・道成寺」も美しい。

ここが好き！
手ぬぐい＝お祭りのイメージが強かったんですが、使ってみるとかさばらないし柄も可愛いくて。私はハンカチより手ぬぐい派です。

絵てぬぐい 麻布十番麻の葉

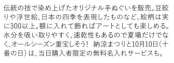

伝統の技で染め上げたオリジナル手ぬぐいを販売。豆絞りや浮世絵、日本の四季を表現したものなど、絵柄は実に300以上。額に入れて飾ればアートとしても楽しめる。水分を吸い取りやすく、速乾性もあるので夏場だけでなく、オールシーズン重宝しそう！ 納涼まつりと10月10日（十番の日）は、当日購入者限定の無料名入れサービスも。

港区麻布十番1-5-24
桜井ビル1F
☎03-3405-0161
10:30〜19:00
（金・土は20:00まで）
㊡年中無休

21

syouinjinjamae
松陰神社前

松陰神社はその名の通り、長州の藩士であった吉田松陰を祀っている神社。その周辺は歴史ある商店街を中心に、様々なお店が軒を連ねる。緑も豊かで、のんびりと過ごせる公園が多いのも散歩にはうってつけ。

連載時も、トミタが何かを手に持ち、食べている写真がたくさんあるこの街。シンプルなものから一工夫あるものまで、おいしいものがたくさんあるので、いろんなお店から少しずつ買い集めて公園で食べるのもオススメ。また、トミタも驚いていたのですが、本当に静かな街なので住みやすさも◎！
※2015.5月号

access

松陰神社エリアへは、下高井戸と三軒茶屋間を走る東急世田谷線・松陰神社前駅からアクセスするのが一番近い（世田谷線の電車は乗っていてホッと一息できる空間という印象がある）。松陰神社の参道にある「松陰神社商店街」に様々なお店が集まっている。駅を出て松陰神社に向かう道に進みがちだが、逆の世田谷通りの方へ進むのも面白い。道なりに進むと駒沢大学方面へ着く。

22

温めてさらにおいしい！

(左)ジャガイモ、ソーセージ、きのこ、ブロッコリーとゴロゴロ乗った具材が美味しいフォカッチャ(中央)自家製のオリーブカクテルを包んだプチパン(右)大人気の世田谷食パン

ニコラス精養堂

駅前からすぐのところにある、明治45年創業の老舗パン屋。いつでもお客さんで賑わう人気のお店。何と言っても種類が豊富で、シンプルなウインナードッグやメロンパン(中央下写真)などから、信州みそを使用したくるみみそぱん(人気商品！)(右下写真)などの変わり種も。

世田谷区若林3-19-4
☎03-3410-7276
8:00〜19:30 ㊡日・祝

(左)ニコラス精養堂と言えば「松陰饅頭」。自家製の白あんを使用し、焼き印を付けた、懐かしさを感じさせるおまんじゅう。

Boulangerie Sudo

スイーツのような果物をふんだんに使ったパンやはちみつとバターがたっぷりしみ込んだハニートーストなど、見るだけでワクワクするパンが並ぶ。焼き菓子やジャム(トーストした食パンにあわせて食べたい)なども販売しており、外のベンチで食べることもできる。

世田谷区世田谷4-3-14 ☎03-5426-0175 10:30〜19:00 ㊡日・月

お散歩中に食べたい！

うまし！！

様々なジャンルのお店がズラリと並ぶ。どこで何を食べようか迷った時は、ぜひここで紹介するお店からスタートしてほしい。

いろんな種類を食べ比べるのも◎

オール アバウト マイ コロッケ

1つずつショーケースに入ったような、玉手箱を空けるような感覚に。ケチャップが入ったスポイトが添えられた、イカスミバジルのアランチーニなど、一口を噛み締めて食べたくなる美味しさ。マッシュルームチーズメルトメンチ、など、こんな組み合わせがあるのか！という発見も。

世田谷区若林4-20-9 若松屋ビル1F
☎03-6450-8022 10:00〜20:00 日10:00〜19:00 ㊡月・木

どれにしようかな？

松崎煎餅　松陰神社前店

1804年に創業。世の歴史あるお店のイメージとは違い、「せんべいスタンド」と銘打ったカフェスペース(和菓子やコーヒー、さらにはランチまで楽しめる)を併設している煎餅屋。販売している煎餅やおかきも、オシャレで可愛くパッケージされている。

世田谷区若林3-17-9
☎03-6884-3296
11:30〜19:00
㊡水・年末年始

じっくりと選びたい

ロングロング

昔ながらの雰囲気が漂う黄色いテントが目印の駄菓子屋。子供のころに、限りあるお小遣いで計算していた駄菓子たちがたくさん。今なら両手いっぱい買えるからとついつい多く手に取ってしまう。お菓子だけでなく、けん玉やコマなどのおもちゃも。

世田谷区若林3-18-5
☎03-3420-0660
10:00〜19:00
㊡年中無休

外で食べると美味しさも増す！

カラフルな瓦煎餅「三味鋼」。季節感を取り入れたデザイン。サクサクしていてとても美味しい！

世田谷屈指の パワースポット！

開放感がある境内に親しみやすさを感じさせ、地元の人も良く足を運ぶ。パワースポットとしてもだが、歴史に触れに訪れてみてはどうだろう。

広くてキレイな境内

「勝絵馬（かちえま）」に願いを

松陰神社

吉田松陰を祀る神社。神社としては珍しく、SNSアカウントを開設しており、四季移り変わる神社の様子がアップされている。毎年10月には「幕末維新まつり」が開催され、境内や門前町を志士に扮装し練り歩くパレードや、歴史講演会など多くのイベントが行われる。

世田谷区若林4-35-1
☎03-3421-8834 7:00〜17:00

吉田松陰とは、、、、

幕末期に活躍した長州藩の思想家、教育者。幼少より才覚が認められ、19歳で藩校明倫館の師範に。しかし25歳の頃、米国への密航に失敗し、投獄ののち生家に幽閉される。ここで松下村塾を開き、高杉晋作、伊藤博文ら多くの門人を育てた。安政の大獄で刑死するが、明治維新の礎となった。

吉田松陰先生と共にパシャリ

吉田松陰先生 御言葉みくじ

「吉田松陰先生 御言葉みくじ」と書かれたそのおみくじには、思想家であった松陰の言葉が。我々に語りかけてくれます。

他にも 休憩スポットたくさん！

ファミリーやお年寄りも多く住むこの街には色々な公園が。あちこちにあるので、開拓するのもひとつの楽しみ。

若林公園
このエリアでは一番の面積を持つ大きな公園。子供たちが遊べる遊具の種類もいくつもある。最近、分断されていたところが園路で繋がれ、散策コースとしても歩き応えのある距離に。

世田谷区若林4-34-2

世田谷四丁目公園
松陰神社前駅を世田谷通りの方へ歩いていくと右手に見える。広場の一角というくらいで、そこまでのスペースはないが、子供たちにとっては貴重な遊び場になっている。

世田谷区世田谷4-2-15

世田谷区立世田谷電車のみえる公園
その名の通り、公園の真横に東急世田谷線の線路が。ベンチに座り、ぼーっと行き来する電車を眺めるには最高のスポット！大きな黄色い滑り台が目印。

世田谷区世田谷4-13-19

24

日替わりの
まんまるお弁当

お昼に個数限定で販売している持ち帰りのお弁当。曲げわっぱに詰まった日替わりのメニューはどれも美味しくて、毎日ゲットしたい。

食堂めぐる

オーナーの宇都宮さんが1つひとつ、心を込めて作る家庭料理のお店。ササッと食べてしまうのではなく、ゆっくり味わうことで、食べることや食材と向き合うひとときをくれる。メニューは、小鉢4種とご飯、お味噌汁がついてくる定食（3種類ほどあります）。当日店先の黒板をチェック。

世田谷区若林4-27-15
☎非公開　12:00〜売り切れ次第終了 / 18:00〜22:00
㊡火・水（不定休あり）

気になるお店がいっぱいあるのだ

このためだけでも行きたいお店

食べ歩きとはまた違う、ゆったりとした時間を過ごすことのできるショップを紹介。

今日は何があるかな？

日常に、お花をプラスしよう

duft

一輪だけでも様になる佇まいが美しい、でもちょっと変わった花を揃えるduft。いつもイメージ以上のステキなお花を仕上げてくれる。アレンジメントから、日常を彩る切り花1本まで、あらゆる相談に乗ってくれるお店。配送も可能。

世田谷区世田谷4-13-20
松陰PLAT1F
☎03-6884-1589
13:00〜19:00
㊡不定休

nostos books

古書・古本だけでなく、雑貨も扱うショップ。通りを歩いていると、「何だか面白そうな本が置いてあるぞ」と吸い寄せられていく。「日本の芸術文化」をテーマに、様々な切り口から本をチョイス。その世界にズブズブとハマってしまい、関連書籍の深みから抜け出せなくなるが、お気に入りのものを探すのが楽しくて、定期的に通ってしまうお店。

世田谷区世田谷4-2-12
☎03-5799-7982
12:00〜19:00　㊡水

何年先も見返す写真を、ひとつ残す

鈴木心写真館

『バァフアウト!』にて、これまで何度もお世話になっているカメラマン・鈴木心さんが営む、土日祝日営業&先着予約制の写真館。誰もが簡単に撮影できる時代になったからこそ、そうではない、記録に残る写真を大事にした「写真体験」のできる場所がここに。

世田谷区若林4-27-11
☎非公開　9:00〜15:00
㊡月〜金

ookayama
大岡山

駅の真上には東急病院、目黒区と大田区をまたいで広大な敷地の東京工業大学が、そして都内でも有数の広さを誇る池が特徴の洗足池公園がある。学生街という一方で、治安が良い場所としても知られる閑静な住宅街だ。

この日は大岡山駅で集合し、駅周辺の商店街も少しぶらつきつつも、終着駅を自由が丘駅と定めていた。〈呑川緑道〉という桜の名所を通り抜けて行く(300本ほどの桜が)。緑の多いエリアなので、何はなくとも、新緑の季節に散歩するのも良いはず。連載では珍しくホワイトなコーデ。
※2015.7月号

access 東急大井町線・目黒線の大岡山駅(大井町線は急行が停まる。目黒線は東京メトロ南北線・都営三田線と直通)。両線が、自由が丘、二子玉川、目黒などとも繋がっているので、せっかくなら沿線をぶらつくコースを考えてみたい。大井町駅まで1本なので、そこから京浜東北線やりんかい線にも乗り換えできる。おまけに東急池上線の洗足池駅は徒歩圏内。環七も通るので、車でも便利。

26

南口商店街編

古本と中古自転車の現代屋

商品の組み合わせがなんとも不思議で気になっていた店。平成2年に古本屋として開業し、今から約5年前に自転車整備士(地元の方で中学生の時はよく遊びに来ていたそう)をスタッフに入れ中古自転車を陳列し始めたとか。東工大生や駒場東大生、留学生の利用も多く、都内有数の中古自転車店として愛されている。城南地区限定だが、不用自転車を1台から無料で自宅まで引き取ってくれるサービスも。

大田区北千束3-33-7 ☎03-3728-2826
10:00〜22:00(日・祝日は13:00〜19:00)
㊡正月三が日のみ

1点モノに出会える

ロングセラーのキャスケットは、柔らかいフェルトのような質感のウール生地。裏地はグレー、ブルー系の変わったストライプ模様を施している。

ふんわり温か

黒色の品ぞろえ!

Maison de Chapeau Ulala Koroku / メゾン ド シャポー ウララコロク

"顔がきれいに見える帽子と遊び心があり、エレガントな香りがする小物"をコンセプトにしたブランド〈UlalaKoroku〉の直営店。オリジナルの帽子はそのコンセプト通り、絶妙なラインで顔を美しく魅せる工夫がされている。温かみのあるファブリックとスタイルを選ばないデザインで、全国に愛用者も多い。店主が敬愛する手作り作家の作品や、インポートものなど、心をくすぐる雑貨も多数取り扱っている。

大田区北千束3-33-1 ☎03-3729-4400
月・木・金 11:00〜18:00、土 10:00〜17:00(イベント開催中など変更あり)
㊡火、水

手ぶらでOK!

大岡山駅と洗足池駅の間に位置する「八幡浴場」。ランナーの利用者も多く、タオル&シャンプーリンス付の入浴セットが嬉しい。薬湯は日替わりで楽しめる。

いざ大岡山!

多彩な店が集まる 名物商店街へ行こう!

昼夜問わず多くの人で賑わいをみせる大岡山駅には、北口と南口、2つの商店街が存在。じっくりと歩いて回ろう。

童心にかえって楽しもう

北口は何があるかな?

稲垣菓子店

店主の稲垣さんが一人で切り盛りする、昔懐かしい駄菓子屋。駅近くにあるので、学校帰りの学生たちだけでなく、懐かしさにつられて大人たちも買いにくるんだそう(梅ジャムは品薄になるほどの人気)。店内には数十種類の駄菓子と、「ジャンケンマン」などの懐かしいレトロゲームが並び、賑やかな声が通りまで聴こえてくる。

大田区北千束3-33-9
☎03-3726-0532 13:00〜18:00 ㊡日

大きな看板が目印。学校終わりの「稲垣に集合ね」という会話は、周囲に住む子供たちの合い言葉となっているという。

北口商店街編

Schomaker ショーマッカー

ドイツ本国のパン屋「ショーマッカー」より暖簾分けした、日本一号店。無農薬、オーガニックにとことんこだわった"Bio"のパン作りは、余計なものを一切入れない100%ドイツ製法だ。ゆっくり、じっくり噛んで、ライ麦の酸味と風味を味わってほしい。

大田区北千束1-59-10
☎03-3727-5201　9:00〜18:00　㊡月

本場ドイツ仕込み！

チーズやハムと相性が良さそうな酸味強めのライ麦100%のパンや、ドライフルーツやナッツが入ったしっとり系のパンなど種類も豊富。

ハーブストーリー カフェ

アットホームな自然派カフェ

イギリス庭園のような雰囲気が可愛い外観に、ショーケースの中はイギリス伝統の「ヴィクトリアサンドイッチケーキ」、手作りスコーンと、イギリス要素がふんだん。ハーバルライフを提案するこの店では、フレッシュなハーブを使った料理や、香り高いハーブティーが1年を通して楽しめる。

大田区北千束1-58-6
☎03-6884-0718　11:30〜19:00(土・日・祝12:00〜18:00)　㊡水

キッシュまたはパスタなどから選べるランチは、野菜もしっかり食べられてボリュームも◎。日替わりで味が違うスコーンも制覇したい。

miso汁香房

体にしみる優しい味

味噌汁を主役にした「一汁一飯ごはん」を提供。雑穀ご飯と具材たっぷりの味噌汁は、栄養バランスはもちろん、食事としても男性でも大満足できる量だ。味噌汁に使われている素材は、丹波篠山の旬の野菜や関東近郊の産直野菜、その時々の季節の美味しさや、全国の美味しい味噌を堪能できる。

少人数制で毎月味噌作り会を行っている。手作り味噌の美味しさを知って元に戻れないという方が多く、リピーターも多い。

大田区北千束1-53-7
☎03-3723-5744
不定休(毎月末に翌月営業日をBlog、Twitter、FBにてお知らせ)

麹の味がしみる〜

和菓子青柳

商店街を抜け、住宅街を入ったところにある老舗の和菓子店。奇をてらわず、一つ一つ丁寧に作り上げた素朴で優しい味わいは、世代を問わず喜んでもらえそう。小豆がたっぷり入ったどら焼きから、大福、すあまなどの定番商品や、和洋折衷なお菓子まで豊富。ひな祭りなど祭事時は売り切れ必至なので、お早めに。

大田区北千束1-65-3
☎03-3723-3868　9:00〜19:00　㊡月

たっぷり小豆の存在感がすごい「鹿の子」は、中の餡もしっとりと濃厚。秋になると、見た目にも可愛らしい「あま柿」が店頭に並ぶ。

定番からオリジナルまで！

28

足をのばして…

のんびり昔散策

駅周辺の賑やかな通りを抜けると、住宅街が続く大岡山。ここで坂道を乗り越えれば、洗足池や北千束がすぐそばに!

環七方面へ

よりみち
環七通り沿いという立地から、ドライバーやバイカーの常連も多い立ち食い蕎麦店。トッピングは人気のコロッケ、ごぼうとあって、いも天なんて珍しいのも。店内にはイスもあるので、時間があればゆっくりと。

目黒区南3-8-8
☎03-3718-4981
6:00〜16:00
日・祝

清水窪弁財天
「東京の名湧水57選」に指定されているこの場所は、かつて洗足池の源流として田畑の用水となっていたそう。周囲には小さな祠が並んでいて、三社大口真大神、天圖蔵五柱五成大神、三徳大明神、などあらゆる神様が奉られている。住宅街にひっそりと佇んでいるので、流れる水の音が響く空間に癒されます。

大田区北千束1-26-5

敷地内の少し離れた場所には、「清水窪延命水子地蔵尊」が。地元の方なのか、ふらっと訪れる人の姿もありました。

東京の名湧水57選

洗足池方面へ

自然がこんなに多くてびっくり

洗足池公園
都内屈指の池の広さを誇り、1周およそ1キロと、散策するのにちょうど良い距離。春になるとサクラ(その数200本!)、秋は紅葉と四季折々の表情が楽しめる。風情のある三連太鼓橋の池月橋と千束八幡神社の2ショットを写真に収める人も多い。スワンボートや遊具コーナーもあるので家族連れでも楽しめそう。

大田区南千束2-14-5
☎03-3720-4441

御松庵妙福寺
青々とした美しい竹林が広がる境内は、都内とは思えない景色。その昔、日蓮上人が老松に法衣を掛けたことから「袈裟掛けの松」と言われる松が、境内の奥に佇む。洗足池のすぐそばにあり、日蓮上人が見た景色が臨める。そのまま洗足池公園へと抜けることも可能。祖師堂は登録有形文化財に登録されている。

大田区南千束2-2-7
☎03-3729-2338

jimbocho
神保町

神保町と言えば本の街。『神田古本まつり』、『神保町ブックフェスティバル』など毎年開催されているが、カレー激戦区でもあるため、『神田カレーグランプリ』という都内最大級のカレーの祭典もおこなわれている。

街のイメージに合わせて、連載でも珍しくメガネをかけてきたトミタ。神保町の駅を出て、まずは〈神田すずらん通り〉入り口から散歩開始。「思ったよりオフィス街！」、「平日なのに喫茶店の前に人が並んでいる！」と、色々と驚いたポイントがあったようです。「歴史も感じられるしお洒落だし。すごく面白い街ですね」とのこと。
※2015.8月号

access お散歩のメインとなる神保町交差点付近は、老舗古本屋から大型書店などが密集する国内屈指の書店エリアだ。都営地下鉄の三田線・新宿線神保町駅A6出口、東京メトロの半蔵門線神保町駅A6出口よりはそれぞれ徒歩1分なので、神保町駅下車が一番近い。他、東西線の竹橋駅、九段下駅、千代田線の新御茶ノ水駅からも歩けるし、JR御茶ノ水駅、水道橋駅よりも徒歩10分という利便性。

神保町で「遊び道具」を手に入れる

本屋とカレー屋とコーヒー屋……だけじゃない！

雑貨屋はじめ、様々な商店が集まる神保町の中でも、「学びながら遊ぶ楽しみ」を教えてくれる商品をそろえた店を紹介！ 自分の手を動かす充足感を味わおう。

輸入文具や美術の画材を揃えるなら！

お店オリジナルのミニ・スケッチ・ブック302円。絵画用の画紙を使用。その時々で違う色を販売しているので要チェック！

文房堂が厳選した木版画入門セット。ポストカード40枚入、すぐに版画が始められる。

気軽に作れるということでトミタもトライ。「3分でこのクオリティ！ 本当にただ彫っただけ。これは使える」

トミタも挑戦

「ほるナビDXセット」。消しゴムでスタンプ（ハンコ）が作れる。デザイン・カッター、彫刻刀、紙も布もOKなインク付き！

散歩ついでにアート体験！？
HPで事前に日程を確認し申し込んでおけばアートスクールの受講体験が500円で可能（画材も用意されている）。

カフェもあるよ！

文房堂

創業明治20年。福沢諭吉の門下生でもあった創業者の池田治朗吉は、西洋文化を推奨する師の薦めもあり西洋美術画材の輸入販売をおこなう文具店を始めたという。「大学ノート」の前身も手掛けた。オリジナルの便箋、原稿用紙（森鴎外など多くの文豪に愛された、五線譜、国産初の油絵具も製造販売。

千代田区神田神保町1-21-1
☎03-3291-3441 10:00～19:30（ギャラリーのみ18:30終了）
休年中無休（年始年末除く）

100年の歴史を誇る、かるた専門店

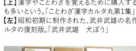

【上】漢字やことわざを覚えるために購入する人も多いという。「ことわざ漢字カルタ丸第1集」
【左】昭和初期に制作された、武井武雄の名作カルタの復刻版。「武井武雄　犬ぼう」

路地裏に入ると喫茶店が点在！

奥野かるた

複数の感覚を使うかるた遊びは体験するのが一番。また、1人で静かにかるたを眺めるのも楽しいもの。かるたの他、花札、トランプ、囲碁、将棋などを取り扱う。2Fはレアな昔のかるたなど、価値の高い室内遊戯の資料やかるたの原画の展示スペース。季節に応じて様々な展示やイベントも開催している。

千代田区神田神保町2-26
☎03-3264-8031
11:00～18:00（2Fは12:00～17:00）
日・祝:12:00～17:00
休第2・3日曜（2Fは月曜休）

〈NHK　Eテレ〉『にほんごであそぼ』のコーナーから登場した「絵あわせ　百人一首　上下」。2枚の絵を合わせることでより覚えやすくしている。解説書も充実。

「この頃は自分で作る人も多いです」（三代目・奥野誠子（ともこ）さん談）ということで、自分でかるた創りができる「無地かるた 茶裏フチあり」。価格は1,000円！

神保町の書店員さんに聞きました！

神保町と言えば本屋さん！

① 散歩に持ち歩きたいオススメの本
② 神保町の魅力
③ 神保町で好きなお店

※書店五十音順

オススメされた本読んでみよう…

『故郷から10000光年』
〈ハヤカワ文庫SF〉（古書）
ジェイムズ・ティプトリー・ジュニア・著

①散歩に持っていくということで、合間の休憩にちょうどよい短篇集の文庫を。足を休めに入った喫茶店でコーヒーをおともに読みたい。切れ味ある、時に叙情的な短編を堪能した後は、「故郷へ歩いた男」を読みながら帰路に付くのがオススメ。②歴史を感じさせる老舗だけでなく、オシャレ系のお店もあり、お散歩するだけでも知的好奇心が刺激される。疲れたら休憩する飲食店も多数。③当店2階の「ブックカフェ二十世紀」は、隠れ家的で、まったりゆったりできます。売り場の棚の本を読みながら、カレーや軽食、コーヒーを楽しめます。

（SF・ミステリ担当：鈴木 宏）

SF・ミステリ、アメコミや映画関連の古本を探すならまずここへ

@ワンダー
千代田区神田神保町2-5-4 開拓社ビル1階
☎03-3238-7315　月〜土 11:00〜19:00
日&祝 11:00〜18:00
㊡年中無休（年末年始を除く）

『林芙美子紀行集
下駄で歩いた巴里』
〈岩波文庫〉
立松和平・編

①どこまでも歩いていけるように重量の軽い文庫か新書をポケットに忍ばせたい。林芙美子の紀行集『下駄で歩いた巴里』は、作家の目で見た当時のパリが、いま読んでも少しも古びずに心に迫ります。海外でひとり右往左往する林の不安もユーモアも、率直に書かれていてとてもチャーミング。②古いものと新しいものが、それぞれの良さをひきだしながら共存する、ある意味とても新しい街だと思います。③手動式のクラシックなエレベーターで上がると、明大通りを一望できる大きな窓の〈カフェ・ヒナタ屋〉はスパイシーなチキン・カレーが絶品です。

（2階担当：大塚真祐子）　※取材時当（現：成城店）

『橋づくし』（古書）
〈文藝春秋新社〉
三島由紀夫・著

①銀座や築地が舞台になっている小説なので、現地を徘徊しながら小説を読み進むのも面白いかもしれません。短篇で散歩の片手間に読むのに適しています、実際に存在する橋なども出てきますので小説の様子と現実の狭間で楽しめると思います。②神保町は書籍に特化した世界的にも稀な地域です。古書店だけでも150店舗以上あり、一日では全て回りきれません。多様な本との出会いが期待できる情報の坩堝のような場所です。③カレーをメニューに載せているお店は古書店の数より多いとされておりまして、中でも〈ボンディ〉のカレーが大のお勧めです。

（3階担当：小林宏至）

売り場面積1,000坪のスケールを誇る、本と知的情報の劇場！

三省堂書店　神保町本店
千代田区神田神保町1-1
☎03-3233-3312
10:00〜20:00
㊡年中無休（元旦のみ休み）

写真集や美術書と言えばココ！ 加えて三島由紀夫関係の本の質と量は神保町随一とも

小宮山書店
東京都千代田区神田神保町1-7
☎03-3291-0495　平日11:00〜18:30
日・祝 11:00〜17:30
㊡年中無休（年末年始を除く）

オススメの店に行ってみた！ 本を片手に長居しちゃいそう

ティーハウス TAKANO
千代田区神田神保町1-3
☎03-3295-9048
平日11:30〜20:00　金11:30〜
21:00　土・祝11:30〜19:30 ㊡日

〈奥野かるた店〉の奥野さんと、〈東京堂書店〉の佐瀬さんオススメの〈ティーハウス TAKANO〉は紅茶専門店。丁寧に淹れられた紅茶と素敵な香りの焼き菓子（スコーンも絶品！）、どこかゆったりとした時間が流れる店内の雰囲気。いつもの日常のふとした1コマに「贅沢」というより「豊かさ」を感じたいならぜひ！

焼きたてのスコーンの下に「ブレッド・ウォーマー」が敷いてある。ずっと温かいという優しさ。

パンを温めるのにも◎

このお店の「ブレッド・ウォーマー」はイギリス製のもの。

『生物から見た世界』
〈岩波文庫〉
ユクスキュル／クリサート・著
（日高敏隆・羽田節子・訳）

①目的もなく歩き回るのが好きなのですが、そうなると断続的に様々な景色を目にします。この本はそうした「ものの見方」を育んでくれるような内容になっており、「科学」という一見難解な分野への招待状と捉えることもできそうです。我々人間や、その他動物がとる行動は何が基となり成立しているのか？ それを「環世界（環境）」であると最初に唱えた人物が著者ユクスキュルです。②毎日訪れても飽きのこない、ある意味「とらえどころのない街」であるところでしょうか。③喫茶店の〈神田伯剌西爾〉。

（書籍担当：久木玲奈）

『白河夜船』
〈新潮文庫〉
吉本ばなな・著

①『白河夜船』です。深い眠りをテーマにした3つの短編が掲載。ふわふわと「夢の中」を漂う不思議な感覚にとらわれます。何度読み返しても飽きない本で、散歩のお供にもちょうどいいです。②「インク」と「カレー」「コーヒー」の匂いにワクワクします。街の魅力にひきつけられるのか、著名人の方を見かけることも多いです。③〈日比谷Ber神保町店〉。カクテルの種類は数百種類。その日の気分を伝えて作ってもらうこともできます。マティーニにハードボイルド小説を読めば、小説の主人公の気持ちに浸れます。

（1階フロア担当：宮山 修）

喫茶店とコワーキングスペースも備えた複合施設。胸躍る〈岩波盞店〉の本の数々！

神保町ブックセンター
千代田区神田神保町2丁目3−1
岩波書店アネックス1F・2F・3F
☎03-6268-9064　平日9:00〜20:00
土日祝 10:00〜19:00　㊡不定休

創業70年、"趣味人専用"の老舗大型書店！

書泉グランデ
千代田区神田神保町1-3-2
☎03-3295-0011　平日10:00〜21:00
土日祝 10:00〜20:00
㊡年中無休

『帆・ランプ・鴎』〈古書〉
〈冬至書房〉
丸山薫

①うちにあるのは限定本なので75,000円しますが。この詩集が良いですね。海の船乗りたちの詩があります。濃くなっていく夕暮れ、ランプが灯され、深い青を身体いっぱいに感じます。水、鳥、動物たちのつかの間の動きが確かに浮かび上がって、緊張感のあるショットの連続でできた映画のようです。外を眺める楽しみを教えてくれる本なので、散歩の合間に。②美味しいお店もたくさんあって大好きです。③〈神田白十字〉。教会みたいな恰好いい喫茶店。遅くまでやっていて、可愛い内装の中で安らげます。ハンバーグの付け合わせの野菜にかかったドレッシングが美味しくて病みつきです。

（店員：奥山ひかり）

『今を生きる人のための世界文学案内』
〈立東舎〉
都甲幸治・著

①『今を生きる人のための世界文学案内』。本当は世の中すべての本をちゃんと読みたいところですが、現実無理なので、いろんな本の面白さを紹介している本です。②新刊書店や古書店がこれだけ密集して集まる珍しい場所。個人経営の喫茶店や飲み屋さんが多い、且つ息の長い店が多いこと。お昼が手ごろな値段と量で食べられるところが多い。〈ティーハウス TAKANO〉。コーヒーが飲めない私のためにあるかのような紅茶専門店。紅茶も種類が豊富で最高なら、食事も甘いものもハムトーストサンドやババロア、スコーンはクロテッドクリームにジャムが2種類（イチゴとバラ）。

（副店長：佐瀬芽久美）

美術関連の本、エッジの効いた作家の本がずらりと並ぶ。竹久夢二の作品も2階に展示

ボヘミアンズ・ギルド 夏目書房神保町支店
千代田区神田神保町1-1木下ビル1・2F
☎03-3294-3300
11:00〜19:30　日祝 11:30〜18:00
㊡年中無休（年末年始以外）

落ち着いた雰囲気の中で本を選ぶ喜び…内装のイメージはイギリスの書店だとか

東京堂書店 神田神保町店
千代田区神田神保町1-17
☎03-3291-5181
10:00〜21:00（日・祝は20:00まで）
㊡年始以外は無休

トミタにも聞いた！「散歩に持ち歩きたい本は？」

『イラスト図解 モノの呼び名事典』〈日東書院本社〉GROUP21・著＆監修

「意外に『この名前知らないな』というものの名を教えてくれる本。散歩中、目に入った気になったものをこまめにチェックできるかなと、今は自分から『検索する』ことが多いけど、『これ知らないでしょ？』と本の方から提示されることが楽しい」

『ルミちゃんの事象』〈小学館〉原 克玄

「これまで漫画を読んでこない人生だったけど、このドラマの役作りのために読み出したら、漫画の面白さに目覚めました。面白いのはもちろん、1話が短いので、散歩の移動中やご飯の待ち時間にニヤニヤとしながら読むのに最適です」

honancho
方南町

近年ではその利便性の良さ、家賃や物価の安さなどから「住みやすい街」としても知られてきている方南町。高級マンションの開発も進む一方で、昔ながらの雰囲気たっぷりな商店街も連なっているという面白いエリアだ。

「駅がすごく雰囲気があって……映画のセットみたいでしたよね?」と方南町を振り返っていたトミタ。ある意味失礼なことを言っていますが、きっかけは「住宅街にお化け屋敷があるらしい」と聞いて方南町に行ってみたのでした。「人生であんなに恐くて泣いたことはない」と言うほど泣き叫び続けた、思い出深い街です。

※2015.11月号

access
23区の地図で言うと、上は中野区、下は世田谷区、右に新宿区、という素晴らしい立地。住所は杉並区堀之内・方南町あたり。環七と方南通りの交差点を中心に商店街が広がり、新宿だって渋谷だってすぐ便利なエリア。ただし電車だと、東京メトロ・丸ノ内線の方南町駅のみ。京王井の頭線・永福町から歩けなくもないが、30分はかかってしまうかも(ただしバスもあり)。

34

方南町が変わる!?

方南町と言えば東京メトロの丸ノ内線ですが、方南町駅へ行くには中野坂上駅で乗り換えをしないと行けないという知る人ぞ知る駅でした。ですが来年中を目安に、駅が生まれ変わる！ 東京駅からも一本になるのです

いざ！出発！

お願い！まけて、、、

東京メトロ・広報に訊く！ 「新しい方南町駅」とは？

丸ノ内線方南支線はこれまで3両編成のみで(他の車両はすべて6両編成)、中野坂上駅と方南町駅の間を往復しているという路線でした。方南町駅は、6両編成の電車が停まれるだけのホームの長さがなかったからです。ですが、来年度中予定で、新宿駅や東京駅まで乗り換えなしで行ける始発駅に生まれ変わります。方南町駅のホーム延伸により、分岐線と本線との6両編成列車直通運行を可能にすることで混雑が緩和され、遅延防止や利便性の向上を図ります(2019年度供用開始予定)詳細については、然るべき時(ダイヤ改正)にニュースリリースなどでお知らせいたします。これまで、地元にお住いのみなさまからのご要望もあり、方南町駅から池袋駅まで6両直通運転を行うことで、中野坂上駅の乗り換えによる混雑緩和、昼間時の新宿折り返し列車の延長運転による利便性、速達性の向上を図るためにホーム延伸工事を行っております。今後も、地域のみなさまとの繋がりを大切にし、愛される東京メトロとして今後も努力してまいりますし、個人的には、人と人との繋がりを大事する下町的な雰囲気のあるのが方南町のみなさまと思っております。駅が変わりましても今まで通りの人情豊かな街であることを願います」

方南銀座商店街振興組合員 齋藤 優さんが語る 「方南町の魅力」とは？

魅力その1 人情味！

センスの良い配色が際立っていた花屋、PROPATIES。が、「この店、裏で店主が人生相談もやっているんですよ」と齋藤さん。

理容店トキワ。生まれも育ちも方南町の気の良い店主は、実は方南町の裏ボスだとか(笑)。「色々と教えてもらっています」とのこと。

「仕事終わりのタクシーの運転手さんが昼間からお酒を飲まれていたりする」という定食屋。おつまみも充実しているとか。

「だいたい200円とか300円とか。安過ぎる居酒屋さん。ほんと、どうやってやりくりされているのか、まったくの謎です」

魅力その2 人に優しい！

おろすんジャー参上！

彼の名は「ベビーカーおろすんジャー」。ベビーカーの階段昇降を手伝ってくれる。「この街に越してきた時、いろんな人に優しくしてもらった恩返しを少しでもできたら」と、方南町の駅を上がったところに極力立っているという優しきヒーローだ。

いかに方南町を面白い街にするか！

「僕含め、地方から出てきて、最初に住み出した街が方南町という人も多いんですが、『方南町をもっと盛り上げたいよね』と話していて。で、色々動き出してみたら、意外に商店街の人たちがうるさくない(笑)。応援してくれるので、いろんな企画をやりやすいんです。ただ、この街は新宿からも近いし、高円寺や下北沢だってすぐ。本当にアクセスが良い分、外に遊びに行ってしまう人が多いのも現実。もっと街を面白くする計画を次々に考えています！」

アイデアを形にする！

方南銀座商店街振興組合員 齋藤 優さん

日本一変な「射的場」という武器屋がある！

武器屋～射的場～

射的場と言えば祭りの屋台でよくある射的をイメージするだろうが、ここの射的場はあのイメージだけじゃない。武器屋だけに様々な武器が置いてあり、その武器で的を狙って点数を競うというゲームもある。映画のようにナイフを投げ、弓を射り、手裏剣を投げられる!?　打てたりする。ストレス発散しに射的場という武器屋に行ってみては？

杉並区方南2-5-9 細野第2ビル101号
平日15:00～21:00　土日11:00～21:00　※不定休

忍者屋敷がある！

一緒に忍者になろう！

SHURIKEN

方南町駅すぐの雑居ビルにある忍者屋敷。「こんなところに？」と思うかもなれ。びっくりする仕掛け多々。ミッションクリア型なので複数で挑戦するのが◎。「上忍」になるためには難易度の高いミッションのクリアが必要だが、「上忍」になったら入り口に名札を貼ってもらえる。

杉並区方南2-23-22方南ファミリーコーポ302　☎03-6454-6786
平日14:00～20:00　土・祝日11:00～20:00　日15:00～20:00
※不定休　※電話もしくはホームページにての予約制。

方南町遊園地プロジェクト始動中！

「方南町駅(A4仮)を出てすぐ横にあるピザ屋〈ピピっとアキッチョ〉の店頭片隅に、遊園地の入り口にあるような入場ゲートを作って(お店の許可はもらい済)、ゲートをくぐって方南町の街へ入れるようにしたいんです」と語っていた斎藤さん。そう、実は方南町にはとんでもない計画があるのです。

方南町面白い！

ピザがでかい！

MEGA PIZZA
オークション
18:30～
なんと！！
100円スタート

よっ!!

お化け屋敷がある！

リアルに怖いっす

畏怖　咆び家

一見普通の家だが、実はお化け屋敷、というか、殺人鬼屋敷(シーズン毎に場所やテーマが違う)。日によって出てくる殺人鬼が違うので、今では各殺人鬼にファンが付いているとか。流行りつつあるのが、「壁ドン」ならぬ「ケリドン」や、「殺すぞ！」と言われながら包丁で頭を撫で回されるのに萌える人も。「殺人鬼を街に出して遊べるようにしたい」と斎藤さん。いつかホラー好きにはたまらない街になっているかも！？

方南町駅1番出口でスタッフと待ち合わせてから出発。　※ネットでの予約制のみ。
平日14:00～21:00　土日祝12:00～21:00

きゃー！

『オバケンのこわい話　お化け屋敷ホラープランナーが作る恐怖映像集』も発売中。方南町銀座商店街の本屋・秀文堂で手に入る。ストラップ特典も。

方南町の気になるお店

能登未来農業はくい放送局
石川県羽咋市のアンテナ・ショップ。無肥料、無農薬で育てたお米はもちろん、醤油や味噌なども取り扱う。シミなどに効果大という「まるごとはとむぎ」が最近のオススメ。食事もでき、身体に優しいランチ・メニューがあるのも嬉しい。事前予約で「野菜寿司」もあり。

杉並区方南2-4-27
☎03-5929-9491　11:00〜16:00
休不定休

葡萄房 by CHAMEL
有機野菜たっぷりのイタリア郷土料理が気軽に楽しめるトラットリア。クラシカルな店内は雰囲気たっぷりで、家族連れや地元の人たちで賑わう。オススメは常時20種ほどある自然派ワイン。グラスも7,8本空けられている。テイクアウトやチーズの量り売りも!

杉並区方南2-16-1　☎03-3316-6499
11:30〜15:00(LO14:30)
17:30〜22:30(LO21:30)　休水

いにしえ酒店
日本酒の古酒・熟成酒、専門の酒屋。「日本酒には賞味期限がない」ということで、1968年からのヴィンテージ・ボトルも。すべてのお酒の試飲ができるので(無料試飲可の酒もあり)、「1本買うのはちょっと」という人はまずは試してみよう。角打ち営業は平日夜のみ。

杉並区方南2-18-15　☎03-4291-4316
平日14:00〜21:00　土日13:00〜18:00
休月(不定期休業あり。Webで要確認を。)

せっかくならここまで足をのばしたい!
「東京のへそ」大宮八幡宮へ!

方南町駅からだと正直、徒歩で20分くらいかかる。けれど「永福町行きバス」だと5分(「大宮町」下車)なので、バスに乗っちゃっても◎!

総檜造りの大宮八幡宮のご社殿。現在の御社殿は、御鎮座900年を記念し御造営され、昭和40年に竣功。鎮座地の大宮という地名は、当宮の神域が広大であったことから名付けられた。現在の境内も15000坪。

大宮八幡宮
23区内3番目の広さを誇る。東京都の天然記念物にも指定されている社叢で、都心にありながらも自然と会い、ゆったりと参拝できる。子育て厄除の神さまとして有名で、安産祈願のため全国各地から多数の人が訪れる。ちなみに「東京のへそ」と呼ばれる由縁は、東京都の重心に位置したことと、安産祈願に御利益があると言うことから「東京のへそ」と呼ばれ、親しまれている。

杉並区大宮2-3-1
☎03-3311-0105　10:00〜17:00　休年中無休

住宅街のある坂道を利用した、長さ40メートルの「坂道ウォーター・スライダー」。この街の魅力をもう1つ加えるなら、「子供が伸び伸び遊べる」という点を大事にしているということ(そして大人も)。事前に日程を調べ、散歩ついでに方南町の街企画を覗きに行ってみよう!

アキッチョ デシカ
「100円からどうぞー!」という掛け声から始まり、集まった人たちが、「200円!」、「300円!」と声を挙げていく。「何のオークション?」と思ったら、特大ピザ!　方南町の名物店〈アキッチョ デシカ〉店主は自ら音を作り、喋りながらオークションするというエンターテイナー。〈アキッチョ デシカ〉はテイクアウトもできるので、気軽にピザを楽しめるのも嬉しい。

杉並区方南2-4-30
ライオンズマンション15商店街
☎03-5929-7606　11:30〜22:00
休火

kouenji
高円寺

かつてみうらじゅんが「高円寺は日本のインド」と評したり、ねじめ正一の小説で有名な「高円寺純情商店街」があったりと、都内随一の濃厚な街。個性豊かな飲み屋やライヴハウス、古着屋が多数だが、スーパーも充実。

街の至るところにお店が敷き詰められていて、無駄なスペースがない、すごい密集率(笑)と高円寺について語っていたトミタ。「肉屋、八百屋、パン屋など、個人商店が頑張っているので、住むのにも絶対良いはず!」とも。トミタは高円寺と言えば古着を買いに行くそうです。

※2016.8月号

access　JR中央線だと新宿から10分圏内。JR中央線・総武線の高円寺駅を中心に四方に広がる無数の店は、歩けど歩けど続いていく。近隣にある東京メトロ・新高円寺、東高円寺も合わせると、14ほどの商店街がある。衣食住を満たす商店街ばかりで、1日歩いても飽きないだろう。ただ古着屋などは、午後から開店の店が多いので、高円寺はランチ前後の時間帯から散歩を始めてもいいかも。

③ SAFARI

> 高円寺だけで4店舗ある古着屋！

「中でもよく行く3店舗があります。ビンテージ系や、アメリカン・インポート系、イタリアン・クラシック系と店舗によってジャンルが違っていて、すごく面白いです。ビンテージ系の店舗では2本のジーンズを試着しては悩みを繰り返し、気付けば4時間も経っていたことがあります」(トミタ談)

1号店　本店

買い取り委託専門店であり、ビンテージの中でも特に希少なアイテムを多数取り扱うビンテージ専門ショップ。ワーク、アウトドア、スニーカーなどビンテージ全般を取り扱い、その量、質ともに圧巻の品揃え。

杉並区高円寺南3-57-4　ベルシャトウ高円寺1F
☎03-5378-9230　13:00〜20:00　㈭年中無休

2号店

ラルフローレンを中心としたアメリカン・ブランドを多数取り揃え、歴史あるアメリカン・テイストを凝縮したアメリカン・インポート・ショップ。RRLも充実の品揃えで、現行品から希少なコレクターズ・アイテムまでたっぷり！

杉並区高円寺南3-47-8　高円寺ニューナショナルコート1F
☎03-3316-5766　13:00〜20:00　㈭年中無休

3号店

イタリアン・クラシックをベースに伝統的な技術を用いて作られた衣類や靴を厳選して揃える、流行に左右されない大人のセレクト・ショップ。ドレス、フォーマルまで取り扱う他、革靴は常時400足以上ストックしている。

杉並区高円寺南4-7-3　サンシャイン高円寺1F
☎03-6808-9787　13:00〜20:00　㈭年中無休

4号店

アウトドア・ブランドからトレンドなアイテムまで、多種多様にラインナップ。時代にあったスタイルを提案するコンセプト・ショップ。パタゴニアを中心に、アークテリクス、ノースフェイスなどのアウトドア・ブランドを探すならここ！

杉並区高円寺南3-45-12
☎03-5929-9225　13:00〜20:00　㈭年中無休

> トミタ栞的

高円寺の歩き方

以前出演した舞台の稽古場が高円寺だったことがきっかけで、プライヴェートで神出鬼没に街へ繰り出しているというトミタ。トミタが通う店も一挙に公開！

> ずーっと若い街！
> 高円寺へようこそ！

START!

グルメハウス　薔薇亭

高円寺で45年続くグルメハウス。「お店のお母さんに勧められ、店内に設置してあった七夕の短冊に願い事を飾った記憶があります。ボリューミーな定食屋さん、美味しかった！」とトミタ。愛情たっぷりのママさんは「高円寺はケーキが売れる街なの。意味わかる?」と教えてくれた。

杉並区高円寺北3-21-20
☎03-3330-0204
11:30〜13:30(LO)、
18:00〜20:30(LO)
㈭月・祝日営業につき
その翌日は休み

①
> 雨の日は
> 高架下がラク

②
> テク
> テク、、

9

どれを買おうか迷う！

Kiarry's
連載時、ガラス張りから見える店内の雰囲気に魅せられ、「ここ入っていいですか？」とトミタから言ってきた、アメリカン・アンティーク・ショップ。多数のトイの中でも、アメリカ企業のPRキャラクター（渋いおじさんも！）の種類の豊富さを誇る。ディズニーものもあり。

杉並区高円寺南2-21-8 1F
☎03-3314-3346　13:00〜20:00　㊡年中無休

8

トミタがよくワンピースを買い行くらしい

古着商　大虎
高円寺駅南口目の前、徒歩1分！数ある古着屋の中でも大虎最大の特徴はその安さ。他店に比べて価格が低めで、中心価格帯は1500-2500円とリーズナブルなのが嬉しい。一般買い取りはなし、ショップ・スタッフ自らが1点1点バイイングしているというこだわりも。実はトミタの高校の後輩がいるとか（トミタ知らず）。

杉並区高円寺南4-28-10
☎03-5929-8794
12:00〜21:00
㊡元旦

いつかここで買ったというトミタのワンピ

7

DEALER SHIP
今年で14年目。ファイヤーキング（1941年からアメリカで製造されていたミルク・ガラスの食器）の品揃えは世界一。通常より強度のあるガラス製なので実用性も高い。希少価値が高いアイテムはウン万円もする。人気はやはりジェダイ（翡翠色の）だが、スヌーピー柄はやはり人気だとか。

杉並区高円寺南3-45-18 2F
☎03-3314-7460
12:00〜20:00　㊡年中無休

4

umber vintage
ふらりとトミタに立ち寄ってほしい。「大人過ぎず、でも大人な女性」が着ていそうな素敵な品揃え。シンプルながら独自アピールのある、普段着に取り入れやすいものばかりで、中には、手刺繍ものやアンティーク・レースなど年代を感じるヴィンテージ・アイテムも揃っている。

杉並区高円寺南3-46-10 2F
☎03-5929-9777　12:30〜20:00　㊡年中無休

5

中古レコード・CDショップ。RAREナウ！

GOAL!

イエスっ！

オホーツク北見焼き肉 のっけ（高円寺本店）

芸人の丸山礼さんに連れられて行って以来、お店とマスターの大ファンになってしまったというトミタ。北海道の北見（北海道の中でも「焼き肉の街」と呼ばれるほど、焼肉店が多いんだとか）の肉を使用した焼き肉はじめ、「目丼（目玉焼き丼）やコロッケなど、他のメニューもめちゃくちゃ美味しい」ということで、他メニューも見逃せない。映画関係者も現れるということで、マスターも某ドラマに登場!?

高円寺北3-2-19　NS高円寺Ⅲ
☎03-6338-2844
17:00～24:30　㊡水

丸山礼ちゃんの紹介で一緒に行った焼き肉屋！

牛タンや上ミノはもちろん、ガツ、コブクロ、レバー、タケノコ、ドーナツなど内蔵系も充実している。どれを頼んでいいかわからない人には「北見焼き肉セット」なども！

散歩に疲れたらふらりと気軽に立寄ろうっと！

⑩

小杉湯

壁画は丸山清人さんによるもの。温度と水質が豊富なので、交互浴するならぜひ一度、小杉湯へ！

駅より徒歩5分、住宅街の中にある銭湯。昭和8年創業ながら、屋内スペースのリニューアルにより、受付奥には何とギャラリーがある（兼待合室のため、多数の漫画本も棚に）。ミルク風呂をはじめ、日替わり風呂や温度の違う4つの浴槽があるという充実ぶりに加え、自然回帰水も飲める。

杉並区高円寺北3-32-2
☎03-3337-6198
15:30～25:45　㊡木

オリジナル・グッズが豊富。タオルやたすき以外にもあるが、人気のためもあるが、売り切れてしまうことも多い。

阿佐ヶ谷まで行っちゃう？

高架下を真っすぐ歩くと道に迷わない！　阿佐ヶ谷駅に行く途中にも見所が！

高円寺アパートメント

高円寺駅と隣の阿佐ヶ谷駅の真ん中辺り、電車が走る高架のすぐ脇に立つ2棟アパート。JR東日本の社宅がリノベーションによって生まれ変わった。1Fには人気店〈アンドビール〉や〈ジュールヴェルヌ★コーヒー〉が入る。

杉並区高円寺北4-2-24

馬橋稲荷神社

上に昇る龍が際立つ「龍の鳥居」（東京三鳥居の1つ）や、開運の鈴、難除け神輿などと、色々と気になる見所がいっぱいのため、穴場パワースポットとしても知られる。「お守り」に書かれた言葉も、ここにしかない言葉ばかりだ。

杉並区阿佐ヶ谷南2-4-4

阿佐ヶ谷アニメストリート

阿佐ヶ谷は昔からアニメ制作会社が多いこともあり、「アニメの作り手とアニメ・ファンが交流できるスポットを作ろう」ということで誕生した。高円寺駅から続く高架下をずっと歩いていけば着くので、道に迷うことはないはず！

杉並区阿佐ヶ谷南2-40-1

⑥

わーい雨が止んだー！さらに歩くぞっ！

41

tsukiji
築地

全国から最高の食材が集まり、日本の台所と呼ばれる築地。銀座エリアもほど近く、近年は高層マンションも増えたが、一歩角を曲がれば平入の瓦屋根の家屋などが軒を並べ江戸の情緒も感じられる。

「夏の連載は毎年死にものぐるいだったので、今回は海を連想させる築地にしました」と話していたトミタ。この日も大炎天下の中、バテそうになりながら築地市場周辺（撮影当時）をぐるり。ランチは、候補としてトミタが事前にリサーチしていた海鮮丼を探し、みんなで食べることに。
※2016.9月号

access

日比谷線・築地駅の目の前には築地本願寺があり、新大橋通りからも晴海通りからも築地市場へと行くことができる。都営大江戸線・築地市場駅からも歩く時間はほぼ同じ（今年の10月に築地市場が豊洲へと移転したが、場外市場は変わらず営業）。波除神社から北の方へ向かう裏道には、老舗の問屋や専門店が軒を連ね、ターレットトラックがすぐ横を通る風景が見られる。

42

早朝参拝で1日をスタート!

築地の朝はとにかく早い! 場外市場周辺のグルメを楽しむのも良いけど、清々しい空気が満ちあふれる早朝こそ、寺社の参拝がおすすめです。

建物の存在感がすごいよ

異国情緒あふれる仏教寺院

お釈迦様の誕生を祝う「はなまつり」や、築地場外市場のお店のグルメも楽しい盆踊りなど、一年を通して様々な行事が。年末は普段一般公開されていない鐘楼の鐘を先着でつくことができる。

浄土真宗本願寺派の焼香の仕方も覚えておこう!
【ご本尊に一礼→香をつまみ、香炉に1度入れる→合掌(胸の前で手をあわせ、なもあみだぶつを唱える)→礼拝→一礼して退出】

築地本願寺

お寺とは思えないようなインド仏教建築風の築地本願寺は、建築家・伊東忠太が手掛けた国指定の重要文化財。築地を代表するスポットとして、1日約8,000人もの人が訪れる。本堂は朝6時から開門、6時半に鐘の音が鳴るので、1日の始まりを全身で感じよう。

東京都中央区築地3-15-1
☎03-3541-1131
開門時間:6:00〜17:00
(4〜9月)6:00〜17:30

探してみて!
建物内には獅子や牛、孔雀など仏教の説話に関連の深い動物の彫像などが随所に。

併設するカフェへ!

身体に優しい朝ごはん

人気の「18品の朝ごはん」は、精進料理をモチーフに「豆腐の柚子あん」、「揚げ茄子大豆そぼろ」など小鉢16皿とおかゆ、味噌汁がセット。京都産あられ等の素材を組み合わせた和風グラノーラにスチームドミルクをかけて食べる和洋折衷なメニューも。

築地本願寺 カフェ Tsumugi

インフォメーションセンター内には、和をコンセプトに、仏教や浄土真宗にちなんだ朝食、ランチなどが楽しめるカフェを併設している。本堂や境内を一望できる窓際の席は特に人気。朝食メニューは朝8時からやっているので、参拝の後に行くのがオススメ。

中央区築地3-15-1 ☎03-5565-5501
8:00〜21:00 ㊡年中無休

オリジナル御朱印帳をゲットしよう

迫力満点!

波除神社

築地場外のメイン通りに鎮座する波除神社は、その名の通り「災難を除き、波を乗り切る」神様。境内には玉子塚など市場関係者が奉納した海産物等にまつわる塚が並ぶ。1トンもの獅子を担ぎ街を練り歩く「つきじ獅子祭」が有名。マグロと法被のイラストが入った御朱印帳はオリジナルだ。

中央区築地6-20-37
☎03-3541-8451
開門時間:24時間

築地の守り神

有名な運搬車ターレー発見！

裏道に佇む〇〇専門店

築地にある店は、舌や目の肥えたプロたちが集まるだけあってどこもレベルが高い。専門店ならば確実に良いものと出会える。

ちらし寿司うまし！

やっほー

3 寒天専門

こんなに細かいものも！

1 かつおぶし専門

厳選した枯本節を店主が血抜きして削った「かつお節削り」は、3mm、1mmと薄さ違いで販売。使い切るのが難しい人には、「いとけま里」が少量サイズでちょうど良いとか。開封後は常温ではなく冷蔵庫保存すると長持ち。

いちおし！

2 漬け魚・海産物専門

来店した人が必ず言って良いほど頼むのが、ふっくら粒の豆と、あんこがたっぷりのった「てんまめ」。波照間の黒蜜も添えられるが、かけずとも十分味わえる。変わり種は「ごま小豆」。粒あんと黒豆の煮汁でのばした黒ごまの下には小さくカットした寒天がぎっしり！

お客さんのリピート率も高いのが、「キングサーモン」と「銀だら」の西京漬。味付けは大豆の風味が残る"荒味噌"と滑らかな"濾し味噌"とのブレンド味噌と酒粕、砂糖、塩のみ。添加物を一切使わず、凝縮された魚本来の旨味が味わえる。

3. 天まめ

店は毎朝、神津島産の天草を抽出し生寒天を作るところから始まる。弾力があり絶妙な歯触りの寒天は、苦手な人でもするっと食べられるはず（むしろ感動）。箸休めのピクルスは、米酢と三温糖で味付けした優しい味わい。栄養士である店主ならではのこだわりが随所に。

中央区築地2-8-1 ☎03-6264-0782
7:00〜19:00（無くなり次第終了） 休日

2. 築地 漬け亭

業務用の切り身を30年間扱ってきた店主が作る「漬け魚」は、魚選びから、さばき、漬ける作業まで一貫して手作業で行う。漬床にもこだわりがあり、日本酒の酒粕で漬けた「大吟醸漬」や、江戸甘味噌を使用した「江戸漬」など、合わせる素材で違う味わいが楽しめる。

中央区築地7-6-7 ☎03-3546-7524
9:00〜15:00 休水・日・祝

1. 八木商店

一つの地域にこだわらず、鹿児島、愛媛、高知ほか、各地から上質な鰹節を仕入れる。かつお節になる前の裸節を遠赤外線オーブンで焼いた「かつお削り」や、「一本釣枯本節」が常時手に入るのも専門店ならでは。優しいおかみさんとの会話を楽しみに来る人も。

中央区築地7-14-9 ☎03-3541-0569
7:00〜18:00（土曜日は17:00まで） 休水・日・祝

44

人情味あふれる隠れた名店

地元を愛し、外から来た人間に対しても気前良く受け入れてくれる温かさがある築地。「また来たい！」と思わせてくれる人気店へ行ってきた。

築地って意外と公園が多い！

街の名物お弁当屋さん

築地の人々を支えるお弁当は、どこか懐かしい味わいでボリューム満点。看板お母さん・きみちゃんが迎えます。

築地ほわいと
中央区築地6-7-9
☎03-3545-6722
6:30～14:00
休市日のうち1日

5 フワトロたまごが絶品！

中毒者続出の「ホットサンドトーストセット」。沖縄の天然塩を入れてバターでふんわり焼き上げた半熟オムレツを、パンの卸し専門店〈サンワローラン〉のパンで豪快にサンド。たまごとの組み合わせはハム、ツナ、ウインナーから選べる。

6 業界人も通う洋食店

お腹をすかせたお客さんの鉄板オーダーが「オムドラ＋しょうが焼き」セット。ケチャップライスではなく、ドライカレーを卵で包む変わり種で、小麦粉をまぶしたピカタ風のしょうが焼きも絶品。

4 海の幸がたっぷり！

タコがぷりぷり！

築地っぽさもあり、店長オススメなのが特製のフォカッチャ。大葉とチーズの上にしらすがのった「フォカッチャしらす」、タコとアンチョビ、オリーブのバランスが素晴らしい「フォカッチャいいだこ」は、ワインなどと合わせても良さそう！

6. ヤナギ
ひっそりと路地裏に佇む店の前に、ランチタイムともなると行列が続く。昔ながらの洋食屋らしく、オムライスやピラフ、ナポリタンなどの定番メニューに、フライを1品選んでプラスするのがヤナギ流だ。築地方面で働く人も、新富町までわざわざ足を運ぶ味。

中央区築地2-1-12 ☎03-3543-1834
11:30～14:00、17:00～20:30 休日

5. レンガ
スタッフの温かい「いらっしゃいませ」の声が響くアットホームな喫茶店。トアルコトラジャマイスター店の1店でもあり、全てのサンドイッチセットにはサイフォンで一杯ずつ淹れたトアルコトラジャのコーヒーがつく。

中央区築地2-15-15 ☎03-3545-4747
10:00～18:00(土曜は14:00まで)
休日、祝・第2、4土曜

4. オリミネベーカーズ
フランスのブーランジェリーのような外観が素敵。ハード系のパンに、愛らしいフォルムの「くまぱん」など、幅広い世代から支持される商品は60種ほど。ぶどう酵母を使用した「折峰食パン」、練乳の甘さが要の「ミルキーブレッド」と、食パンだけでも個性が立つ。

中央区築地7-10-11 ☎03-6228-4555
7:00～19:00 休水

45

ueno
上野

古くからの呑み屋がズラリとあり、いつでも大にぎわいの街、上野。動物園や美術館、歴史ある神社など、観光スポットがいくつもあるが、路地を歩いているとふと切なさを感じるような顔も併せ持った不思議な街。

〈アメヤ横町〉を練り歩き、暗くなるにつれて増える陽気な人々を見ていると「ちょっと呑んで行きましょうー!」と例に漏れず乾杯!「アメ横が何なのか分からなかった私の記憶では、海外だと思っていた」と言うトミタ。それくらい、色々な文化が混ざり合っている。

※2017.2月号

access　JR山手線東京メトロ、京成電鉄など、上野へのアクセスはどの方向からでも豊富。〈上野恩賜公園〉方面へ向かうには山手線&京成電鉄が近くて便利。山手線の高架下に沿って栄える〈アメヤ横町〉をまっすぐ進み、両脇に広がる個性的な店たちを見ていたら、すぐに御徒町へ着く。散歩していたらいつの間にか一駅、という感覚。

46

のんびりお散歩

> 建物や食など

昔ながらの古き良き空気の流れる街

個人経営のお店が多く、気さくに声をかけてくれる（取材時も話を聞くと、たくさん話をしてくれた）。商店街でも挨拶が飛び交う、人情味溢れる街。

老舗喫茶

駅からそう遠くない通りにいくつもある、昔ながらの豪華な装飾を施した喫茶店。それぞれの店舗に違うカラーがあり、呑み屋ではなく、喫茶店をハシゴするのも楽しい！

> オリジナルのメニューが美味しい！

人気メニューのオムライス

> キラキラのライトが照らす階段をあがると……

ギャラン

食品サンプルのショーケースが目印。入り口からキラキラしていて、別世界に来た気分に。見渡すくらい広い店内には、様々な年齢層のお客さんが。メニューも、シンプルなオムライス（サラダ付き）や、フルーツがたくさん乗ったクリームあんみつなど、ご飯もスイーツも食べられる。店員さんの制服もレトロで可愛く、ついつい目で追ってしまう。

台東区上野6丁目14-4
☎03-3836-2756　8:00～23:00　㊡年中無休

> 深いソファーでくつろぎながら

珈琲 王城

コーヒーはテーブルで注いでくれ、香りをじっくり楽しむことができる。黒糖しょうがミルク（左）やリコリスジンジャーなど、漢方の視点でのコメント付きのメニューが面白い。周りのお客さんも頼んでいたのがチョコレートパフェ（右）。バニラアイスを包むたっぷりのクリームの上にチョコソース、チェリーが乗った、絵になるパフェ。シェアして食べるとちょうど良いくらいのボリューム！

台東区上野6-8-15
☎03-3832-2863
8:00～21:30　㊡不定休

古城

ステンドグラスに囲まれた地下への階段を進み、大きなシャンデリアのある店内へ。フカフカのソファーが心地よい。奥にはエレクトーンがあるのもステキ。某ドラマの撮影地にもなっているそう。ここで、どうしても飲みたくなったのがクリームソーダ。バニラアイスが浮かぶシンプルなものだが、一口飲めば違いに気付く。昔ながらのシロップの甘い味が◎。

台東区東上野3-39-1　光和ビル B1F
☎03-3832-5675　9:00～20:00　㊡日・祝

> なつかしのクリームソーダ！！

47

のんびり半日散歩コース

> 1631年建立、「月の松」がある

JR上野駅を出て、〈上野恩賜公園〉を半周し、アメ横を通りJR御徒町駅へと向かうコースを歩いてみました。

清水観音堂
桜の名所であり、国指定重要文化財の観音堂。歌川広重の「名所江戸百景」に描かれた「月の松」はここのもの。明治初期に台風でなくなってしまったものを2012年、150年ぶりに復活させた。この松から見る不忍池弁天堂への道が絶景。とっても気持ち良い。

台東区上野公園1-29
☎03-3821-4749

> 手水もしっかりして、清めてからお参りへ

上野恩賜公園ボート場
不忍池をさらにまっすぐ進むと、何とボート場が。上野でボートに乗れるとは驚き、足漕ぎ、手漕ぎ、スワンボートの3種類があり、スカイツリーを見ながらボートを楽しむことができる。カラフルなボートが浮かぶ池の周りを囲むように歩道があり、ジョギングを楽しむ人や、ベンチに座って本を読んでいる人など、様々。水辺にはカモたちも。

台東区上野公園2
☎03-3828-9502
9:00～18:30の間で月ごとに変更有
㊡12～2月の水、年末年始

> ここでもスワンボートに乗れるんです!

> がもがも…

> 文豪も訪れた老舗蕎麦屋さん

蓮玉庵
中央通りから一本入った道にある、江戸後期から続くお蕎麦屋さん。艶のある麺と濃厚なつゆが特徴。ツルツルと、あっという間に食べてしまう。目線の位置に色々な紋様の蕎麦猪口が飾ってあるのも、店の歴史を物語っているようで趣深い。そば湯をいただけるのも嬉しい。

台東区上野2-8-7
☎03-3835-1594　11:30～18:30
㊡月　※2019年1月より定休日が変更になります

> ちょっと寄り道

上野で見つけた面白グッズ!?

> 中身はぁ…

> ミルキーふりかけ　　ご当地ガチャガチャ

上野と言えば、やっぱりパンダ

名物のもつ焼が美味

大勢で、外の床で食べるのも良いですね！

もつ焼　大統領

勢いのあるお店が数多くある中、一際目立っているのが大統領。店内をぐるりと囲む大きなカウンターと威勢の良い声が人気の秘密ではないだろうか。もつ焼き盛合わせ（5本串）は絶対に食べておくべきメニュー！サク飲みが多く、客の回転が早い。1人でフラリと呑みにくる人も多い店。

台東区上野6-10-14
☎03-3832-5622
10:00〜00:00　㊡年中無休

たいやき　神田達磨

お腹もいっぱいになり駅へ戻っていると、たい焼きの良い匂いが。これは食べてしまう（実際に連載時、トミタも食べていました）（笑）羽根つきの皮の中にアツアツの餡が詰まっていて美味しい。上野での〆は、たい焼きで！

台東区上野6-12-17 田中ビル1階
☎03-6803-2122
11:30〜23:00（平日）　10:30〜23:00（土日祝）　㊡年中無休

〆はこれ！！

GOAL

OKACHIMACHI AREA

ショップと工房がひとつになった新しい空間

2k540 AKI-OKA ARTISAN

秋葉原と御徒町の間の高架下に位置し、ショップやギャラリー、アトリエなどが入る商業施設。そのどれもに通じるのがしなやかで人に寄り添うような、「日本というものを感じさせる」ということ。繊細で多様なこの場所ならではの「ものづくり」を、見て、想像して、楽しめる施設。

台東区上野5-9　☎03-6806-0254
11:00〜19:00（一部店舗により異なる）　㊡水（一部店舗により異なる）

トミタの出身、飛騨高山の牛乳も！

御徒町駅前すぐ！様々な種類＆産地の牛乳が飲める！

ミルクスタンド

牛乳専門のお店。瓶牛乳をその場でグッと飲むというスタイルで種類は何と50以上。産地によって異なる味を飲み比べるのも面白い。左の「北アルプス厳選牛乳」は甘みのあるサラリとした飲み口で、右の「濃いんやさぁ〜」は少し重みのある味わいでした！

台東区上野5-27-8
（JR御徒町駅北口改札前）
6:30〜21:00
㊡年中無休

bakurocho
馬喰町

昔この地に馬場(馬市)があり、「博労町」と呼ばれていたことから「馬喰町」に変化したとか(「博労」とは、牛や馬の売買を行う仲介業者のこと)。現在は「日本橋横山町・馬喰町問屋街」に海外から押し寄せる人でいっぱい。

「ミシンを買ってから色々と作るようになったので最近は布を探してばかりで。服屋に行っても服を布として見るくらいです(笑)」と、この頃のトミタは語っておりました。ということで、まず向かうはもちろん問屋密集地帯！可愛い雑貨屋さんやカフェにも寄りました。

※2017.5月号

access

日本橋横山町・馬喰町の新道通り周辺が、日本最大の現金問屋街と呼ばれるエリアだが、脇道に歩いていくと意外なお店に出会えたりするのも楽しい。利用駅は多いが、一番便利なのは、都営地下鉄浅草線・東日本橋駅、新宿線・馬喰横山駅、JR総武線・馬喰町駅(つまりJRだと東京駅から2駅!)。他、JR総武線の浅草橋駅、東京メトロ日比谷線・小伝馬町駅からも歩ける。

50

日本有数の現金問屋街、横山町・馬喰町

初めての馬喰町

衣料品やバッグの総本山と言えば横山町・馬喰町の問屋街だが、「素人さんお断り」、つまり、プロ向けの店が多い（一定のロット数の商品を買うことが基本）。ただ「小売りします！」というお店も点在しているので、探してみてほしい。ここでは、散歩の際、トミタが実際に購入したお店を紹介します。

手創りハウス ルー

店内に所狭しと並ぶのは、厳選されたファブリックや、店のオリジナルの手創りバッグ。もちろん、手創りバッグの副資材もそろっている。目を見張るのは、その品質の良さ。スペインやベルギーから輸入された柄のファブリックは本当に美しい。撮影当時、トミタはここで犬の絵柄の生地を購入しホクホクしていた。

中央区日本橋馬喰町1-6-13
☎03-3664-5415
月〜金9:00〜17:30
土9:00〜16:00
休日・祝・夏季・年末年始

俺では見られない布地がたくさん！

MARBEE ホビーショップ

4階建てて！どの階も楽しい

手芸好きならぜひここへ。毛糸やパッチワーク材料、生地、ソーイング、ボタンなど、大量に取り扱う。ここは、レディースのインナー・ブランド〈MARBEE〉などの企画・販売もしている。アウトレット型の小売店舗なので、品揃えの多さと安さは安定している。トミタは色々と迷った挙げ句、淡いピンクの布を購入！

中央区日本橋横山町10-2
☎03-3661-8321
10:00〜17:30
休日・祝

じゃーん！可愛い子犬の布でしょ！

どれにしようかな〜いっぱいあって迷うな〜

職人のお店を発見！

独自の技術を売るだけでなく、ライフスタイルへの提案もしてくれる店が多いのもこの街の特色。3軒とも数歩の距離にあるので巡ってみて！

COLORWORKS

自然環境に配慮したペンキと壁紙のブランド〈Farrow&Ball〉の日本総代理店。プロだけでなく、自宅のDIY用に購入する人も多い。他に自然環境に配慮した多種多様なテクスチャーペイントも人気。セミナーなども多数開催している。

千代田区東神田1-14-2
☎03-3864-0810
10:00〜18:00
休日・祝

ハーブセンター

サロンでも使用される〈TISSERAND〉のエッセンシャルオイルをはじめ、国内外様々なハーブ、アロマグッズをラインアップ。イベント時にはハーブ蒸留器を稼動させるので、良い香りを楽しみながら精油作りの工程が見られる。

千代田区東神田1-13-18
☎03-3866-1712
10:00〜16:00
休日・祝（土曜は不定休）

L'ATELIER EXQUIS（ラトリエ・エクスキ）

元アパレル・デザイナーのオーナーが手掛けるバッグ・アトリエ。国内外から集めた素材と30種ほどの型を組み合わせて作る人気のカスタムバッグは、内側の配色など細かいオーダーがOK。思わず長居してしまう、店の雰囲気も素敵！

千代田区東神田1-13-17
☎050-3721-4255
12:00〜19:00
休水・日・祝

自然と人が集まる、風通しの良さが魅力

CITAN

東日本橋駅から徒歩5分。海外からの旅行者、日本人観光客や仕事帰りのビジネスマン、多種多様な人々が、1Fのコーヒースタンドや地下のバー・ラウンジに集う。異国感と地元感が合わさった、心地良い空気感。開放感に溢れ、自由な空気が流れる7階建てホステル。音響設備が絶賛されているラウンジは年中無休で、毎週末(金・土)のDJナイトは入場無料で楽しめるのも嬉しい。DJイヴェントも日常。ここへ来たら思わずこの街で一泊したくなる。

中央区日本橋大伝馬町15-2
☎03-6661-7559

海外の旅行者も多く訪れる。バー・ラウンジは、リラックスした雰囲気とフレンドリーなスタッフのお陰で、1人でいても寂しくなさそう。

旅行者になったつもりで散歩する

街歩きの目線を変えてみよう。馬喰町は、東京駅から10分ということで、海外からの旅行者も訪れるユースホステルの多さでも近年知られる。手軽に安く泊まれるだけでなく、どこのホステルも趣向を凝らした佇まい。散歩の最中、「知らない街に来ている」という"旅人"目線でぜひ歩いてみて。一泊二日の散歩旅行など計画してみてはどうだろう。

馬喰町の駅横!近さピカイチ!

Train Hostel 北斗星

惜しまれつつ運行廃止になった寝台列車・北斗星。鉄道ファンでなくともその名が知られた車両だが、何と、馬喰町駅直結のビル内に蘇っていた!?「まさに北斗星そのまま」なホステルがココ。部屋はドミトリーと半個室があり、2段ベッドや個室寝台の一部は実写パーツを再利用している。旅に気分に浸り乗り合わせた人と仲良くなる」なんてことも多いにありそう。

中央区日本橋馬喰町1-10-12
☎03-6661-1068

IRORI HOSTEL and KITCHEN

囲暖炉とキッチンがあり、干物や地方の飲物もそろっているため、購入すれば、宿泊客以外も料理をできるという、「食」に特色があるホステル。旅の次の行き先をコーディネーターが手伝ってくれるというのも嬉しい限り。

中央区日本橋横山町5-13
☎03-6661-0351

NIKKA

施設内でできるアクション(客室のシーツやタオル、アメニティを使わないなど)がアフリカの子供たちへの寄付になるというシステムがある。先進的なのは内観・外観デザインだけでない、掲げるテーマが高いホステル。

千代田区東神田1-3-3
☎03-5825-4806

ようこそ北斗星へ!

レトロな看板 風情ある佇まい

この界隈を歩いていて驚くのが、やはり昭和な建物や商店が今も多く残っていること。その中でも、年季の入った5店を紹介！

太田ベーカリー
外観はレトロで雰囲気たっぷり。自慢のパンは桜島溶岩の石釜で毎日焼いている。2階は買ったパンを持ち込める喫茶店〈デルフリ村〉。

中央区東日本橋2-9-6
☎03-3862-9862
7:00～20:00 （休）土・日

喫茶グッド
サイフォン式のオリジナル・ブレンド・コーヒーはコク深く、国内外にファンが多い。昭和期のテレビなどレトロなアイテムもまた良い雰囲気。

中央区日本橋馬喰町2-5-12 ☎03-3669-1884
8:00～18:00（土曜は～14:00）
（休）日・祝・年末年始

亀屋山戸
創業は江戸期、9代続く老舗の和菓子屋。昔ながらの製法で作られる和菓子はどれも美味しいが、季節限定の白味噌を使った柏餅は人気商品。

千代田区東神田1-14-10
☎03-3866-3804
9:00～18:00 （休）日

コーヒーハウス ウール
昔ながらの喫茶店。喫煙もオーケー、長居もオーケー。熟成豆を使った特製コーヒーを飲みながら、本棚に並ぶ漫画を読んでまったりしたい。

中央区東日本橋3-12-9
☎03-3661-5204
9:00～19:00 （休）日・祝

カフェ＆レストラン BALOON
ランチ・セットはハンバーグやオムライスなど定番の洋食から刺身定食まで、和洋折衷そろう（夜は単品）。濃厚なミュクレ・ソフトクリームも◎。

中央区日本橋横山町5-13 ☎03-3664-4118
6:30～22:00（土曜は14:00まで）
（休）日・祝

散歩して見付けた！

浅草橋からの景色「屋形船」
観光用クルーズや貸し切り屋形船屋が川沿いに軒を連ねる。隅田川の川下りを楽しみながらの観光も粋な遊び。橋から見える景色は、情緒たっぷりで長居したくなる。

素敵な眺め！

こんなところに神社？「初音森神社境内 儀式殿」
本殿は墨田区千歳にあり、こちらは儀式殿という位置付け。面白いのが、鳥居をくぐった、オフィス・ビルの2Fにあるということ。1Fに資料館があるのもユニークだ。

夢作りのトイレがある「龍閑児童遊園」
日本庭園のような公園。隣には竹森神社という稲荷神社、「え?」と驚く立派なトイレ。公園は春には綺麗な桜が咲く。千代区岩本町と中央区日本橋小伝馬町の境目。

え???
これがトイレ?

またあった！「ギャラリー」
歩いていて驚くのが小さなギャラリーの多さ。写真展や手芸展などジャンル問わず幅広い。

kappabashi
合羽橋

合羽橋は、台東区の浅草と上野の中間辺りのエリアの通称。「かっぱ橋道具街」で知られる、日本有数の料理道具と調理機器の問屋街がある。プロの業者に合わせ開店と閉店が早い店が多いので、早めの時間に行くのがオススメ。

トミタが降り立ったのは東京メトロ・日比谷線の入谷駅。そこから「かっぱ橋道具街」方面へと歩き終着は銀座線の田原町。トミタも「料理道具を揃えるならココ」という情報があったらしいのですが、想像以上に店舗が多くて周り切れず、後日1人で再び買い出しに行ったそうです。

※2017.6月号

access

「かっぱ橋道具街」と呼ばれる通りは、東京メトロ・日比谷線の入谷駅からすぐの言問通りと、銀座線の田原町駅の前を通る浅草通りを結ぶ。オススメは、道具街の先端まで徒歩5分の田原町（入谷駅からも7分ほど）。つくばエクスプレスの浅草駅下車だと、道具街の真ん中辺りに出る。上野駅と鶯谷駅前からはバスも出ている。

合羽橋といえばやっぱり プロが通う 道具屋の聖地

海外からの観光客で平日も人がいっぱい！「食」に関わる道具を探すなら絶対ココ！

ドーン
合羽橋にきたらやっぱり見ておきたい巨大コックさん！

便利料理器具と言えばこのお店！

飯田屋

近年は飯田屋の6代目・飯田結太さんがおろし金のスペシャリスト「オロシニスト」として多くのメディアに登場していることでも有名。熱い「便利道具愛」は他の店員さんも同じで、探し物を言うと何がどう違って目的には何がベストかを教えてくれる。数多くある調理道具の中でも「おろし金」の品揃えは自信あり。「おろし金」はなんと160種類もある。

台東区西浅草2-21-6
☎03-3842-3757
月〜土：10:00〜19:00
日・祝：10:00〜18:00
㊡年中無休

手作りPOPが魅力！

店内に溢れるのは道具だけじゃない！同じ数だけ店員さんの手書きPOPがある。説得力に溢れているので、つい熟読してしまう。

大根おろしがフワッフワッに！

職人手作りの純銅製

銅製は職人の手で刃の目立てが微妙に違うので、おろす向きを変える必要がなく素早くおろせる。大根は甘めの仕上がり。〈大矢製作所〉薬味用 銅おろし金（羽子板）

どの店員さんも絶賛しているというおろし機。もちろん水切りも、早くて楽で、出来上がりも驚くほどフワフワだとか。〈アーネスト〉「楽楽オロシてみま専科」

2015年 ピーラー選手権優勝！

かぼちゃの皮も簡単に剥け、剥いた皮も刃からすぐに剥がれる。錆びないポイントは「しまい方」。引き出しに入れるのではなく「引っ掛ける」のがオススメ。〈貝印〉「SELECT 100 T型ピーラー DH-3000」

かっぱ橋道具街は歩くだけで楽しいよ

「こんなの欲しかった！」があるブラシ屋

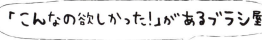

ブラシ自体のお手入れはコレで！

ヘア・ブラシに絡み付いた髪の毛を取るの、面倒ですよね？ 手で取るの、疲れますよね？ これがあれば大丈夫！すぐに楽に取れます。

プロ使用の毛玉取りブラシ

猪毛を使った、衣類の毛玉がみるみる取れるブラシ。靴下にもセーターにも。優れものの理由は、ペットの毛にも効果抜群ということ。服や絨毯に付いた毛がまぁ綺麗に取れます。

馬毛が気持ちいい

人気商品の馬毛歯ブラシ。広がりにくく、歯や歯茎に馬の毛がこんなに馴染みいいとは！と驚く名品。ブラシ小は3本入りで900円（税込）なのでプレゼントにもぴったり。一度使うと病み付きに。

かなや刷子（ぶらし）

創業は大正3年。毛(はけ)と刷子(ブラシ)の専門店。厳選された材料を、洗練された技術（100年以上に渡り続く技術を受け継いだ職人が1本1本手製で作りあげている）を誇る名店。歯ブラシ、ヘア・ブラシ、爪ブラシ、靴磨きブラシなど、もっと早く知りたかった！ これは手放せない！という、優れた逸品ばかりが揃う。

かっぱ橋道具街店　台東区西浅草1-5-9
京成菊屋橋ビル107　☎03-3841-1113
10:30〜17:30　㊡年中無休

コーヒーと紅茶の器具を探すなら

ユニオン

昭和37年創業、喫茶店ブームと共に店は大きくなったという。店オリジナルの焙煎機（ロースター）は数種類もあり、初心者向けも揃っている。パスタ・マシーンはイタリア製で、生パスタの他どんなどにも使える家庭用も。ワインの保存器具やソムリエ・ナイフも多数揃え。

台東区西浅草2-22-6 ☎03-3842-4041
9:00〜18:00 日・祝:10:00〜17:00
㊡年始年末・GW・お盆期間中を除き年中無休

海外の人が日本のドリップやサイフォンの淹れ方を求めてやってくることも多い。手挽きミルの魅力もあるが、小型タイプの業務用のミルは実は一家に一台あるとめちゃくちゃ便利だとか。刃の形状により、味わいも微妙に変わり、人によってこだわりが。

ユニオンおすすめのランチスポット

現在はランチ営業のみだが昭和感溢れる食堂として地元で長年愛される。メインと副菜とごはんなど自分の好きなものを好きなだけチョイスして自分ならではの定食が作れるのも楽しいポイント。

ときわ食堂

台東区西浅草2-23-8
☎03-3841-6733
08:45〜14:00
㊡日・祝

食品サンプルのお店もあったよ。すごくリアル！

料理器具はもちろん保存容器も多種多様！

Dr.Goods（ドクターグッズ）

元々、合羽橋は職人が訪れる問屋街だったが、もっと一般のお客が楽しめるお店を作りたいということでスタート。実用性、嗜好性、双方を兼ね備えた道具を国内外より集め、店内所狭しと紹介。人気の〈野田琺瑯〉も多種揃えている。

台東区西浅草1-4-8
☎03-3847-9002 9:30〜17:30
㊡日・祝

鮮やかな色のガラス瓶は光指す窓辺に置きたい

(写真右下) 実用性とその佇まいに「道具として持ちたい！」、そんな男前なドイツの鉄製フライパン〈タルク〉は店員オススメの商品。ただ「焼く」をワンランク・アップさせてくれるこのフライパンは、1つの塊の鉄から職人が打ち出した逸品だ。

渡会ウインド製作所

100年以上の歴史を誇るガラス容器の店で、店舗設計もおこなっている。今の店主は3代目。「売れる見込みのない型は作れない」ということで、年々レアな廃盤商品も増えているという。買えるうちに買っておこう！

台東区松が谷3-17-13
☎03-3841-3865 9:00〜18:00
㊡日・祝

店主の奥様がお土産にとくれた蓮の実の手芸品

お洒落雑貨店で瓶や容器を買うのと比べると、グッと安さと種類が多いのに驚く。ジャム瓶、スパイス瓶、コルクの蓋の瓶などの他、65種類ものビー玉やおはじきも。

56

乾物屋の老舗

萬藤（まんとう）

大正元年創業。先代が地方の卸先に行った際などに気になった商品を集めて種類を増やしていったという素晴らしい品揃え。乾物以外にも多くの無添加調味料、職人手製の和蝋燭、大分の安心院の聖母修道院はじめ全国各地の修道院から仕入れたクッキーやジャムまで揃う。リピーター続出の「かっぱらーめん」もある。

台東区西浅草3-5-2
☎03-3844-1220
10:00～18:00（平日）　㊡土・日・祝

散歩に疲れたらココへ

入谷駅近くの洋食喫茶店。歩き回って疲れた足を癒す落ち着いたソファ席、空腹を満たす美味しいメニュー。野菜の旨味が凝縮されたミートソースや昔ながらのオムライスなど。セット・メニューも豊富で迷う。

トロント

台東区入谷1-6-16
松田ビル1F
☎03-3876-0680
平日：8:00～22:30
土：9:00～22:30　㊡日

店主が立石で発見しその美味しさから直取引を始めたという昭和なカレーのルウ「旭カレールウ」は、カレーうどんにも◎！ 写真右は、修道院の手作りクッキー。

まだまだある ステキなお店
道具屋だけが合羽橋じゃない！

独自の視点を持ったお店を紹介。店主の目利き度がわかる、都内ではここでしか買えないものも並ぶ

ここでしか手に入らない、全国各地のレトルト・カレーが集結！

カレーランド

全国屈指のカレーのレトルト専門店。1つ1つにストーリーがあるという商品の価値を広めたいと各地で赴き作り手と繋がっている。写真はお店オリジナルの製品で、黒毛和牛とクリームチーズ入り。ワインのつまみにも◎

台東区西浅草2-24-7
☎03-5246-4950
11:00～19:00　㊡火

ヴィーガン＆グルテンフリーのお菓子！

DAUGHTER BOUTIQUE

昔からダイエット好きだったという堀川久美子さんが始めたブランド。できる限りオーガニック素材にこだわっている。オリジナルBOXもめちゃくちゃお洒落なので、センスの良い手土産やプレゼントを買うならぜひここへ！都内でも実店舗はココだけ。マフィン、クッキー、ブラウニー、ドリンク、ベーキングカップなども揃っている。

台東区松が谷3-16-8
並木ビル1F
☎03-6231-7074
9:00～18:00　㊡水・日

お土産にもピッタリ！

どじょう料理の名店で一杯

東京にきたならぜひ食べてもらいたいものの1つが「どじょう」を使った料理。栄養満点、江戸・東京の伝統の味を守る「どぜう飯田屋」は、今でも厳選して料理する。

どぜう飯田屋

台東区西浅草3-3-2
☎03-3843-0881
11:30～21:30　㊡水

omori
大森

大森駅東口はバスロータリーも整備され繁華街も充実、買い物に便利な一方、西口は一気にレトロな雰囲気が広がる。史跡の「大森貝塚」があることでも知られ、それがきっかけで実は大森は日本考古学発祥の地なのだ。

大正末期から昭和初期、この地域一帯には多くの文士や芸術家が住んでいて、交流を深めていたそう。宇野千代、北原白秋、萩原朔太郎、三島由紀夫他、名だたる作家ばかり。散策の途中、作家の顔が彫られたレリーフを見るも、トミタは「知っている人がいない…」と色々と残念。
※2017.7月号

access
駅前の商業施設は充実しており、ターミナル駅へのアクセスも良い大森駅は、JR京浜東北・根岸線という1路線のみだが、東京駅や品川駅まで乗り換えなし、しかも「羽田空港方面」などに向かうバスも発着しているので、散歩だけでなく、住むのにも良い街。蒲田駅や大井町駅なども電車ですぐに、品川区にある近隣の京急本線の大森海岸駅へは徒歩圏内という、非常に高い利便性を誇る。

貴重な史跡と風情を楽しむ

現代人が暮らす街の中に国の史跡が溶け込む大森の街。「今、歩いている道は何があったのか？」歴史ロマンに思いを馳せながら散歩してみよう。

こんな所に文化財！？

大森貝墟碑

大森駅から徒歩約2分、ビルの狭間を通り線路側へと続く階段を進むと現れるのが、アメリカの動物学者・モース博士が貝塚を発見したとされる場所に立てられた石碑。仙台石でできた碑は見上げるほどの大きさで、正面から写真を撮る場合は画角に入れるのが難しい。表通りには半分のサイズのレプリカがある。見学時間は9:00～17:00まで。

大田区山王1-3

坂道をどんどん行くよー！

見える景色は…

貝塚のすぐ目の前にはJRの線路が。これだけ近いと車窓からも見えそう。

マメ知識

縄文人の日常の食料だった貝を中心に動物の骨や土器など様々なものが見つかっている貝塚。「縄文人のゴミ捨て場」と言われてきましたが、全てのものに魂が宿るとされた縄文文化から、使い終わったものを丁寧に埋葬していたとされています。

貝墟碑へ向かう途中の道には、古生代や土器のイラストが。

幻想的！

庭園中央には地層をイメージした回廊が。ミスト噴水が気持ち良い！

縄文時代に思いを馳せて…

大森貝塚遺跡庭園

大森貝墟碑から大井町方面へと5分程歩いたところにある公園。大森貝塚碑やモース博士の像、本物の貝層の剥離標本など、エリア分けされている園内では、縄文時代や大森貝塚について学習できる。トイレは実際に発見された縄文土器をイメージ。

品川区大井6-21-6
7月・8月9:00～18:00、11月～2月9:00～16:00
その他の期間9:00～17:00　休年中無休

インド人も通う本場の味！

どんな料理なの？

① ラッサム…液体状のおかず。ご飯にかける
② チャトニー…ペースト状のおかず
③ サンバル…野菜のスパイシーな豆汁煮
④ トーレン…野菜のスパイス炒め（画はビーツ）
⑤ ワダ…豆から作った甘くないドーナッツ
⑥ イドゥリ…豆と米を発酵させた蒸しパン

山王小路飲食店街

戦後から続く飲屋街で、通称「地獄谷」と呼ばれるディープスポット。居酒屋や立ち飲みバー、スナックなどがひしめきあっている。

ケララの風Ⅱ

南インド・ケララに駐在経験を持つ沼尻シェフの味を求め、全国からファンが集まる人気店。名物のミールスは残念ながら11月で終わりだが、来年1月からは軽食メニューのティファンを中心に「ケララの風モーニング」として営業予定。ミールスでお馴染みの味もまた楽しめる。

大田区山王3-1-10　☎03-3771-1600
6:46～12:46（2019年1月11日より）　休火～木

店内はインドの地図や、現地で購入した置物などが飾られている。

59

久しぶりに地元を散歩してきました！

大森案内人 上原輝樹さん

映画サイト『OUTSIDE IN TOKYO』主宰。大森出身のWEBディレクター。今回の大森情報の提供のために帰省。想い出話も交えて地元を語ってもらいました。

CHECK!

散策中に何度か見掛けた「馬込文士村散策のみち」の案内看板。馬込、山王界わいに「散策コース」を設定し案内解説板を設置しているとのこと。自分流の散策ルートを探しみよう

駅前にそびえる名物神社

八景天祖神社

「大森駅西口を出ると、昔からある鰻屋の横に天祖神社へ上がる階段が目に入ります。階段の入口まで行くと、そこには『馬込文士村散策のみち』という道しるべが。この辺りの山王から馬込一帯は、尾崎士郎、川端康成ら多くの作家が住んで交流を深めていたことから"馬込文士村"と呼ばれています」境内には"八幡太郎鎧かけの松"という大きな松があったが、枯れてしまった今は切株が拝殿に保管されている。

大田区山王2-8-2

マミフラワーデザインスクール

「神社を抜けると、そこには山王の古くからの高級住宅街があります。その入口には、歴史ある〈マミフラワーデザインスクール〉や、これは比較的新しいと思いますが、〈城の教会〉といった建造物があって、瀟洒な邸宅が立ち並ぶ住宅街の中で異彩を放っています」日本初の本格的フラワーデザインスクールのマミフラワーは、1階はオリジナルの器や書籍などショップを展開。

大田区山王2-11-6 マミ会館
☎03-3774-3986
9:30〜17:00 ㊡土・日

お宝発見

岡本太郎がデザインした〈旧マミ会館〉がかつてはすぐ近くの場所にあったが、老朽化が進み2000年に惜しまれながら解体。当時のイスは館内の1階に残っている。

文士たちのレリーフ

急な階段を登るとようやく鳥居が

【左】緩やかな階段が続く南側の参道の壁には、「馬込文士村の住人」と書かれた様々な絵柄のレリーフが10枚程飾られている。
【右】階段下からでは神社の様子がまったく確認できないものの、光に導かれるようにズンズン登っていく。階段は50段近い。

レトロなお店がたくさん

文士さんたちとハイ、チーズ！

小さな抜け道発見！

大森駅前の商店街で遊ぶ子供たちについていくと、路地と路地を繋ぐ細い抜け道を発見。大人でもワクワクするような空間は、かっこうの遊び場のよう。

60

大田区立山王会館（馬込文士村資料展示室）

「山王三丁目には、馬込文士村ゆかりの作家、芸術家の作品や資料を揃えた〈大田区立山王会館〉という施設がある。この辺りの道は起伏に富んでいて、まさしく"山王"という地名を自分の足で実感出来る、散歩するにはうってつけの道が連なっています。実家で大型犬を飼っていた際、よくこの界隈を散歩していたのが懐かしいです」

大田区山王3-37-11　☎03-3773-9216
9:00〜16:30　㊡12月29日〜1月3日、臨時休館日

文士たちの貴重な資料を展示

今では明るい!?歴史ある坂

闇坂

「この辺りの山王二丁目を『闇坂』を脇に見ながら通り過ぎて南の方に5分も歩けば山王三丁目に行き着きます」明治17年に開園した遊園地〈八景園〉が現在の天祖神社の裏手一帯にあり、広さ約一万坪、数百株の梅が植えられていて東京湾の風光一望のもとに入る眺望であったといわれる。〈八景園〉の反対側には加納子爵邸があったが、坂道が細く曲がり八景園の樹木が鬱蒼と覆いかかっていたので昼間でも暗かった。そのため、この名が付いたといわれているそう。

もっと知りたい！①

映画館スタッフたちの映画愛、"映画館あるある"を〈キネカ大森〉ゆかりの映画人たちによって作品化された、映画「もぎりさん」。大森出身の俳優・片桐はいりが主演を務め、キネカ大森のロビー改装工事終了後、2分ほどのストーリーが月替わりで話ずつ、映画本編の前に上映された。

©東京テアトル

もっと知りたい！②

コスプレで鑑賞する"絶叫爆裂上映"などイベント型の上映も人気だ。写真は映画『キングスマン』上映時に行った「キングスマン Ladies & gentlemen上映 〜テーラーキネホ〜」。叫びやコール、突っ込み、クラッカー、鳴り物、紙吹雪もOK。来場客は思い思いのコスプレで盛り上がった。

映画の魅力を伝える個性派映画館

キネカ大森

「美味しい鶏料理で知られていた〈葡萄屋〉も初めてジャズのレコードを買った中古レコード屋もなくなってしまいましたが、今も存在し続けているのが〈キネカ大森〉。1980年代、当時大学生だった私は多くの忘れ難い映画と出会いました。1984年に日本初のシネコンとしてオープンした〈キネカ大森〉。上映作品のチョイスや、映画館の常識を超えたイベントの開催など、映画ファンに高い人気を誇る。

品川区南大井6-27-25西友大森店5F
☎03-3762-6000　9:35〜20:00　㊡年中無休

たくさん歩いてお腹すいた

しながわ水族館も近いよ！

海岸方面へ

鈴ヶ森刑場跡

大森海岸駅から徒歩10分ほどの場所には、罪人たちの処刑場が！　治安を守るため、警告、見せしめの意味を込めて慶安4年に仕置場を設置したんだそう。

都立大学
toritsudaigaku

都立大学は、1991年まで〈東京都立大学〉があったのだが、現在はここに大学はない（ちなみに、隣の学芸大学駅も！）。ただその名は愛され、老舗と新しく生まれた店舗の両方が共存している。

都立大学は、連載にて、トミタ自らが案内してくれた街でした！51回目にして初だったかもしれません……（笑）。トミタのラジオがきっかけで仲良くなった、イラストユニットはらぺこめがねさんのアトリエも。次の見開きページで、はらぺこめがねさんオススメの都立大スポットをご紹介します！

※2017.11月号

access 渋谷駅から横浜駅を繋ぐ東急東横線・都立大学駅。オシャレな街でも有名な、代官山駅や中目黒駅も通過地点にあり、途中下車しても楽しめる。目黒通りが大きい通りで分かりやすいが、近年、駅から徒歩約5分ほどの八雲通りなどに新しいお店がたくさんできている。二子玉川駅や東京駅からバスでアクセスすることも可能。

日本一多くのZINEを置いているショップ

MOUNT ZINE

八雲通りをまっすぐ進むと右手にガラス張りの空間が。中を覗くとすべてZINE（個人が発行している小冊子）！すべて手に取って見ることができる。日本中のものを置いており、サイズはもちろん、どれを見ても工夫が凝らしてあって面白い。中には砂浜の砂や貝殻をパッケージしたものも。ギャラリーも併設している。

目黒区八雲2-5-10
☎03-5726-8290
木〜日　12:00〜19:00
㊡月・火・水

全国から集まるZINE

目黒八雲むしぱん
STEAM bread & doughnut

12月で丸7年目になるむしぱんとむしどーなつのお店。店頭に並ぶむしぱんは日によって、また季節のイベントに合わせてオーナーの斎藤さんがひとつひとつ丁寧に作る。カレーやチョコマーブル、アールグレイオレンジから、ひじき、黒ごま&栗のむしぱんなど、変わり種も。イートインも可。

目黒区八雲3-6-22小倉マンション1F
☎03-6676-2778
10:00〜19:00（売切れ次第終了）　㊡水

卵、乳、油を使わないふわもちむしぱん

ここにしかない！個性溢れるお店

都立大サイコー

個人で切り盛りするお店が多い都立大学エリア（そして街の人たちの繋がりが強い！）。都立大にしかない素敵なお店は、他にも載せきれないほどたくさん。ぜひ、実際に街を歩いてみてほしい。

夜遅くまで営業していて、夜のお散歩にもピッタリ

DUN AROMA（ダンアロマ）

コーヒーをじっくり味わって愉しめるお店。アンティークなものに囲まれた店内で、カウンター席なので1人で訪れても◎。コーヒーは中国など珍しい産地のものもあり、何度も来ていろんな味を愉しみたいと思わせる。カップとソーサーを1つずつ違うもので、棚に飾ってあるものから淹れてくれるのが嬉しい。

目黒区平町1-22-12
☎03-3718-4134
12:00〜18:00、20:00〜24:00
㊡月

いい香り

花屋moco

「たまにここで練習もしているんです（笑）」と壁にかけてあった三線を弾いてくれた店主のイザワさん。花束やアレンジメントを素敵に仕上げてくれる花屋であり、季節に沿った手作りの飾り物も揃える。今はクリスマスのリースやお正月のしめ縄があり、どれも可愛いので迷ってしまうこと間違いなし。

目黒区柿の木坂1-34-19
☎03-6316-6662
11:00〜20:00
㊡木

ガーデニングなどもお願いできる！

オリジナルのしめ縄！

63

焼きたての手作りパンはココ！

Toshi Au Coeur du Pain

シェフのトシさんの「なるべく焼きたてを食べてほしい」との想いで、焼き貯めをせず、焼きたてをこまめに補充したパンが、時間によって種類を変えて並ぶ。サンドイッチだけで何と9種も！2Fカフェ〈COMPTOIR〉では、1Fで買った商品を食べることもでき、モーニング（週末のみ）とランチ有り。

東京都目黒区中根2-13-5 1F・2F
☎03-5726-9545　6:00〜19:00　㊡月・火

COMPTOIR（コントワー）(2Fカフェ)
☎03-5726-9544
水〜金9:00〜19:00
土、日8:00〜19:00　㊡月・火

大人気！
ジャンボンブール
JAMBON BEURRE
（ハムとバターのサンドイッチ）

ラーメンPARADE

夜はバーになるスペースを使い、昼間はあっさりヘルシーなラーメン屋に。豆腐やラディッシュと一見ラーメンに結びつかない食材を使用しているのが面白い。スープも塩煮干しや海老醤油などから選べるので気分によって味を変えられるのもポイント。

目黒区柿の木坂1-32-16
都立大マンション102
☎03-6421-4583　11:30〜15:00
㊡不定休

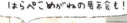
はらぺこめがねの展示会も！

額縁・額装店 newton

来年で創業50年を迎える額装店。額縁に入れるものを必ず見て、打ち合わせを重ねているそう。ハンドメイドのオリジナルフレームなど種類も豊富で、奥の工房で職人さんたちが作業しているのが見える。店内のgallery noieで展示もおこない、全国各地のプロジェクトも手がける。

目黒区八雲1-5-6
☎03-3723-1230
9:30〜19:00　㊡日・祝

イチオシの お店やスポットを紹介します！

しーちゃんと訪れたところも！

都立大学
案内人

オススメお散歩コース

② 高架下
色々な壁の前で撮影するのにハマっていたトミタでしたが……このエリアでは高架下にある真っ白なスペースをオススメ！近未来感があります。

ここも
オススメ

① 呑川緑道
1kmを越える緑道。かつて植えられた約300本の桜が春には満開となる。買ったパンやコロッケをベンチに座って食べるのも◎。

春は桜並木に

はらぺこめがね さん
原田しんやと関かおりによる夫婦イラストユニット。食べることが大好きな2人で「食べ物と人」をテーマに活動。原田が食べ物を描き、関が色と人を描く。絵本の制作や挿絵、ワークショップの講師や展示会などをおこなっている。最新作『チキンライスがいく。』が発売中。

『チキンライスがいく。』
〈あかね書房〉
著・はらぺこめがね

> 栃木屋スタッフさんオススメ！

> 地域の人に愛される老舗精肉店
> サクホク！

めぐろパーシモンホール

このエリアの住民の方の憩いの場でもあるホール。音楽や舞台、古典芸能や公演、イベントがおこなわれる。隣接する〈目黒区立八雲中央図書館〉や〈八雲体育館〉も一般開放されており、ヨガや太極拳などもできる。

目黒区八雲1-1-1　☎03-5701-2913

栃木屋

八雲通りの角にある、約80年も続く精肉店。学生たちがおやつによく買うと聞き、コロッケを注文。その場で揚げてくれたサクサクの衣にホクホクのジャガイモ、お肉のコロッケは本当に絶品！どの料理にどのお肉が合うのかが書かれたPOPも嬉しい。

目黒区八雲1-7-1
☎03-3717-0243
10:00〜20:00
㊡日

> トミタも訪れた古着屋さん

NOOK

都立大学駅南口を出て、まっすぐ進むと左手にある。古着だけでなく、ボードやビンテージのスピーカーなど、すべてオーナー木野山さんのチョイス。アメリカで買いつけているというアパレルアイテムを扱っており、コンディションが良いものばかりなのに、値段もリーズナブルで驚き。

目黒区中根2-3-13 中根ハイム101
☎03-3718-2217
営:15:00〜22:00
(日のみ13:00〜21:00)
㊡月

> スープがキレイなあっさりラーメン

> はらぺこさん、ありがとうございます！

> 江戸時代のものを復元！

③ 古民家(栗山家主屋)

〈すずめのお宿緑地公園〉内にある銅板ぶき屋根の古民家。一般解放されており、中にはかまども。散歩で疲れた時の一休みポイントとしても。

そぞろ散歩 point!

歩いているとこんな石碑が。「碑文谷そぞろ散歩」、武蔵小山駅から自由が丘駅までのルートで、記載のところに行くと案内板があります。

65

明治神宮前
meijijingumae

代々木に鎮座する、明治天皇と昭憲皇太后を祀る明治神宮。観光客などの多くの人で賑わう原宿方面エリアと、静かで落ち着いた雰囲気を纏う代々木八幡・代々木公園エリアでまったく違う空間を楽しむことができる。

2018年の年明けに明治神宮へ参拝に行きました。その時は東京メトロ・千代田線からスタートし、明治神宮で参拝。南参道から正参道、西参道へ進み、代々木八幡駅でゴール。代々木にポニーがいたことにもびっくりの様子で、ポニーと一定の距離を取るトミタが印象的でした。

※2018.2月号

access
東京メトロ・千代田線と副都心線の明治神宮前(原宿)駅が最寄りとなり、出てすぐに明治神宮の南参道がある。JR山手線・原宿駅からもすぐ。代々木八幡・代々木公園エリアは、小田急電鉄小田原線・代々木八幡駅もしくは東京メトロ・千代田線、代々木公園駅で下車すると駅前すぐ一帯にお店が集まっている。

66

酸化して10円玉のように鈍色に変化する銅製テープ。ドイツ製。

世界中のユニークな雑貨を扱うセレクトショップ

手漉きの紙で巻かれた天然素材のお香。木を焚いたような自然な匂いで、現地では空気の浄化のため、玄関などで焚かれるそう。ネパール製。

PAPIER LABO.（パピエラボ）

オーナー江藤さん自らが作り手と会い、ショップで扱うかを判断する。そのスタイルは国内外問わず、貫いている。店内は目新しいもので溢れており、そのほとんどが紙製品。メモや封筒、カレンダーなど、日常に沿ったアイテムが豊富。ラックに掛かったポストカードを見ていると、『バァフアウト！』でもお世話になっているカメラマン・三部正博さんの作品が。

渋谷区神宮前1-1-1 #106
☎03-5411-1696
11:00〜19:00
㊡月

オシャレカフェや雑貨屋がひしめきあう街

カフェでひとやすみ

じっくり見たい！

路地裏にある小さな雑貨屋

散歩中のランチにオススメ

&note

歴史ある〈マルマン〉の文房具を始め、宇宙や動物など、様々なテーマや色でキレイにレイアウトされた店内。グリーティングカードなどの種類も多く、つい「誰に贈ろうか？」と考えてしまう。普段使うアイテムを自分が心躍るように揃えるのはもちろん、プレゼントしても喜ばれること間違いなし。

渋谷区神宮前6-32-5 ドルミ原宿1F ☎03-6427-4784
11:00〜19:00 ㊡不定休

手打ち釜揚げうどん 禅

カウンターとテーブルどちらもある（4〜6人のグループでも入れるうどん屋さんはありがたい）お店。断面の丸い麺が特徴。甘めのお出汁がマッチする小海老天のおうどん（左）と、マイルドなカレーうどん（右）。すぐにまた行きたくなる味！

渋谷区神宮前1-2-14 幸進ビル1階
☎03-5410-3177
(昼)11:30〜15:30
(夜)17:30〜22:30
※土は(昼)営業のみ ㊡日・祝

ギャラリーや面白い本屋など様々なカルチャーが集まる

アートや文学を吸収！

SHIBUYA PUBLISHING & BOOKSELLERS
ガラス張りで店舗とオフィスが一体になったユニークな造りが特徴。HPでは、ランキングやショップのある奥渋谷エリアを紹介する記事も充実。さらにトークイベントやフェアも定期的に開催している。

渋谷区神山町17-3テラス神山1F ☎03-5465-0588
月～土11:00～23:00　日11:00～22:00　休不定休

Utrecht
一般書店での取り扱いが少ない国内外のアート、デザイン、ファッションなどの書籍を中心に扱う、新しい「好き」の発見が必ずあるお店。TOKYO ART BOOK FAIRの共同運営、ショップのブックセレクトなど、書籍の販売だけでなく企画ディレクション活動もおこなっている。

渋谷区神宮前5-36-6 ケーリーマンション2C
☎03-6427-4041
12:00～20:00　休月

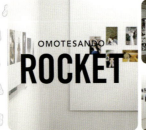

表参道ROCKET
原宿駅を出て表参道駅へ向かう途中、表参道ヒルズを過ぎてすぐ左手の建物にあるギャラリー。どの展示も会期が1週間ほどのため、いつ行っても新しい素敵な作品に出会える。見逃さないように細かくチェックしたい。展示の他にも、ポップアップ・ショップ・イベントをおこなうこともある。

渋谷区神宮前4-12-10 表参道ヒルズ同潤館3F ☎03-6434-9059
11:00～21:00　日11:00～21:00
水11:00～18:00　休木

目指せインスタ映え！

壁PHOTO SPOT
カシャッ！カシャッ！

「この連載と言えば！」とも言えるほど様々な味のある壁の前で撮影してきたトミタ。明治神宮にはたくさんウォール・アートがあり、ピックアップした4つを紹介！

1

ZIO ZIEGLERによって描かれたもの。〈BEAMS原宿店〉裏の壁にて、パシャリ。
渋谷区神宮前3-24-7

2

Stephen Powersによって描かれたもの。突き当たりの壁一面に描かれているため迫力！
渋谷区神宮前4-24

3

Lyによって描かれたもの。カフェ「San Francisco Peaks」の裏手の壁に。割れた卵のを悲しげに見つめている？
渋谷区神宮前3-28-7

4

〈MOSHI MOSHI BOX原宿観光案内所〉の世界時計。原宿と世界10都市の時刻が表示されている。
渋谷区神宮前3-23-5

見て楽しい、食べておいしい 工夫がたくさん詰まった ベーカリー

裏道に穴場ショップ有り♪

隠れたケーキ屋さん

Afterhours

路地をくるくると探し歩く。宝探しのようにワクワクし、お店を見つけた時のドキドキが楽しい。店内はシンプルなショーケースに美しいケーキとポップな焼き菓子が。引き菓子などのギフトもお願いできる。イートインは月によって変動があるので要事前チェック！

渋谷区富ヶ谷1-7-9
☎03-3481-5507
12:00〜17:00 ㊡日・月

顔の形のクッキーはピーナッツ、チャイ、あずきと珍しい味のチョイスにセンスが光る。

365日

行列のできるパン屋さんとはまさにここ。米粉や素材にこだわって作られ、安心して毎日のパンが買えるお店。イートインも可能だが、近くの系列カフェ〈15℃〉で買ったパンを食べることもできる。晴れていたら代々木公園で食べたい！そして店休日が2月29日というのも粋。

渋谷区富ヶ谷1-6-12
☎03-6804-7357
7:00〜19:00 ㊡2月29日

近くにカワイイアートも！

まったジャンルのお店が！

代々木八幡&代々木公園 周辺スポット

明治神宮前からは少し歩くが、オリジナルのお店が多いエリア！

代々木にポニー!? 子供や親子での乗馬もできます。

カカオと砂糖のみのチョコレート

代々木ポニー公園

実は明治神宮のすぐ横にポニーのいる公園が。トミタも「こんなところにおるんやぁ」と驚いていました。ブラッシング体験や持ってきたニンジンをポニーに食べさせてあげるなどの体験が無料でできます。ゆっくり歩くポニーを眺めるだけでも十分なヒーリングになりそうです……。

渋谷区代々木神園町4-1
☎03-3373-9996
9:00〜17:00（気象状況により変更の場合有）
㊡月（祝日の場合、翌日以降）、年末年始

ヒヒーン

Minimal（ミニマル）富ヶ谷本店

こだわり抜いたカカオを使用し、豆からチョコレートができあがるまでの全工程を自社工房で管理という美味しさを徹底追求。カカオのブレンドと砂糖の焙煎で味を操る、食べ比べたくなるチョコレート。板チョコレートの割り方にも優しさが感じられる。

渋谷区富ヶ谷2-1-9
☎03-6322-9998
11:30〜19:00 ㊡年中無休

（左）ローストナッツのような風味のNUTTY、（右）ドライミントのような風味のSAVORY

kuramae
蔵前

東京の下町エリア。古くからの老舗も多いが、近年は、古い倉庫や建物をリノベーションした、若い職人やクリエイターが作った店が集まる。原料や素材にもこだわり、年代を問わない「良いもの」を売る店ばかり。

「蔵前にくるのは初めてなので、ちょっとした旅行気分」と語っていたトミタ。蔵前駅からスタートしたのですが、どこを歩いていても、スカイツリーが見える景色が広がるのが印象的な街。両国方面へ歩き出すと、力士さんが歩く姿もチラホラと増え出す。写真は、両国駅前にて。

※2018.6月号

access 今回まわった蔵前エリアは、蔵前駅から徒歩圏内ばかり。ただ、都営地下鉄浅草線と大江戸線の蔵前駅は離れているので要注意。一度地上に出て乗り換えしないといけない。隣駅の浅草駅からも、また、JR田原町駅からも歩ける。蔵前といえば隅田川。そして国際通りという大きな通りがあるのだが、ここから1本入った路地裏に、小さくても素敵なお店がたくさんあるので、見逃さずに!

日本

インド

NAKAMURA TEA LIFE STORE

築60年ほどのヴィンテージビルの1階に店舗を構える、無農薬有機栽培で作られたオーガニック日本茶の専門店。モダンな店内で販売されるのは、静岡県・藤枝市で100年お茶を作り続ける「中村家」の煎茶。作られた農園によって旨味やコクのバランスが違うので、試飲して好みの味を見つけるのが良さそう。ほうじ茶、玄米茶、粉末緑茶も販売。

台東区蔵前4-20-4 ☎03-5843-8744 12:00～19:00 ㊡月

アンビカマサラショップ

インド食材商社の直営店として、ここまで品揃えが豊富なのは国内でも随一。100%インドのベジタリアン向けの商品もハラール認証済（イスラムの教えで許されているもの）のものも。インド人を中心に各国のお客さんが訪れるのも納得。業務用サイズのナッツや珍しいスパイス、インドではメジャーなスナック菓子にワインと、見ているだけでも楽しい。

台東区蔵前3-19-2 アンビカハウス1F ☎03-6908-8077
11:00～20:00 ㊡年中無休（年末年始を除く）

気になる茶葉があれば、カウンターの試飲スペースで試してみて。美味しいお茶の淹れ方や保存方法も教えてくれます。

茶葉の収穫日、栽培方法などが記載された品質保証書が付いてくる。

下町文化と融合する 異国MIXがおもしろい！

日本の職人が集まる下町・蔵前は、意外にも様々な海外のカルチャーと融合している街。異国情緒を感じながらお散歩を始めよう！

カレーがこんなに！

インドの国民食である豆のカレーや、ほうれん草＆チーズなど、どれもレトルトにして本格的な味。

店長イチオシ

バターを精製した澄ましバターオイルの「ギー」は、リピート買いするお客さんも多い。

台湾

印花楽 in Blooom蔵前店

蔵前駅を出てすぐの場所にある、台湾発のプリント生地ブランド。お客さんたちを虜にしているのが、台湾の伝統的なガラスやタイルなどをモチーフにした、キュートで華やかなテキスタイルの商品だ。「in Blooom」を中心に、他にもスタッフがセレクトした人気台湾ブランドの取り扱いもあるので、現地に行かずとも話題の雑貨を手に入れられる。

台東区蔵前3-22-7 ☎03-5820-8131 11:00～19:00 ㊡木

いろいろと買っちゃいそう

かわいいモザイク柄

台湾の在来鳥で、ブランドのシンボルでもある「ハッカチョウ」をモチーフにしたフォンケース。

71

木宮商店

界隈では珍しい、レディス、キッズ＆ベビーブランドまで取り揃えるセレクトショップ。若手のブランドを積極的に取り扱っているといい、日常使いできるシンプルなものから、エッジの効いた個性的なアイテムまで幅広い。子供とお母さんがニュアンス違いのおそろいコーデを楽しめる服も。

台東区蔵前4-20-5
☎03-6886-5545
13:00～19:00
㊡年中無休

MABATAKI美雨

蔵前にアトリエを構える、シューズ、アクセサリーブランド。ドライフラワーが天井から下がる幻想的な店内に思わず足を留めてしまう人も多い。美しい花々をヒールに敷き詰めた、珍しいデザインのシューズは〈MABATAKI美雨〉の職人たちにしか成せない技だ。

人気の「yoakeブレスレット」は、手首に花がつたうようなオリジナリティあふれる作品だ。

東京都台東区蔵前3-4-7
✉konohara-miu@hotmail.co.jp
13:30～19:00　㊡月

蔵前の写真スポット！
街の名物となっている古本屋の「御蔵前書房」。かなり年季が入っています。

とっておきを見つけちゃお

こだわりの品探しならココ！
他とかぶらない

技術はもちろん、作り手が作品に込めた想いや温度を十二分に感じられる。そんなちょっと良いモノありました。

proto 器とタカラモノ

国際通りから横道に入った建物の2階にひっそりとある、器のセレクトショップ。「器として優れているかだけでなく、その作家だけが表現できる世界観があるかどうか」という店主の視点でセレクトした作品は、オーストラリア作家のものも。作品の入荷やイベント情報はSNSでも紹介。

台東区蔵前4-20-12 精華ビル2F
☎090-6931-8779
12:00～19:00（土日は11:00～）　㊡月

温かみのあるマグカップは、陶芸家・菊地亨氏が手掛けた作品。ろくろで作る一点ものだ。

年代モノ！

蔵前れとろま

今ではあまり見られなくなった、トタンとブリキの雑貨店。職人が一つ一つ作り上げる耐久性に優れたトタン製のじょうろやバケツは、ファッション企業やDIYをする人たちに人気なのだそう。（ちなみに〈MABATAKI美雨〉さんも愛用）。雨風に30年さらされ続けたバケツのサンプルが印象的！

東京都台東区蔵前3-2-4　☎03-6670-0800
13:00～18:00　㊡不定休

72

ローカル気分でちょっと寄り道

時間がゆるすなら、人情と温かさ溢れる蔵前の人々との交流を楽しみながら、地元人のようにゆったり街歩きをしてみよう。

ご利益をいただこう!

江戸城鬼門除の守護神「徳川将軍家祈願所」の一社で、強運を授けてくれる神社として親しまれる蔵前神社。境内には、落語の「元犬」という噺のモデルになった元犬像が。勧進大相撲発祥の地でもある。

マルセリーノ・モリ

昭和33年の創業時から地域住民の胃袋を支え続けるベーカリー。手作りの総菜パンやフルーツサンドは、朝の通勤通学時と帰宅時間帯は特にショーケースがガラ空きになるほど人気。また、パンと一緒に飲みたいのが、都内では珍しい〈TOMO〉の低温殺菌牛乳。フルーツサンドの生クリームも同商品を使用していて、これだけを買いにくる人も。

東京都台東区蔵前4-21-2
☎03-6670-5749
7:00～18:30（土日 は10:00～17:00）　㊡祝

優しい味わい

機械を使わず手作業で丁寧に混ぜられる生クリームは、絶妙に空気が入りフワフワ。11月の終わりから登場するイチゴサンドは売り切れ必至！

浅草方面へ！

しっとりとした食感で、どこか懐かしい素朴な味わいが人気。甘酸っぱいクランベリーが味のアクセントに！

磯村政次郎商店

田原町駅近くにあるのが、家族で営まれているごま油の専門店。有名料理研究家も日常使いしているという、店オリジナルの「謹製まさじろうさんのマルオウ純正胡麻油」は、低温でじっくりと焙煎し圧を掛けて搾った油の美しさに驚く。生でも使えるので、サラダや豆腐にかけるのはもちろん、バニラアイスにかけると栗のような味わいになって美味しいそう！

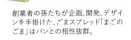

創業者の孫たちが企画、開発、デザインを手掛けた、ごまスプレッド「まごのごま」はパンとの相性抜群。

東京都台東区寿4-7-2　マルオウビル
☎03-3843-5681　9:00～18:30（土曜は10:00～17:00）　㊡日・祝

菓子屋シノノメ

蔵前で人気のカフェ「from afar 倉庫01」が手掛ける、焼き菓子屋が今年10月に移転オープン。添加物を使用しない手作りの優しい味わいと、ふんわり香る発酵バター、アクセントにはゲランドの塩を使うなど、素材のこだわりが詰まっている。焼きたてのマドレーヌやスコーンをゲットするなら、オープン直後に行くのがおすすめ。

東京都台東区蔵前4-31-7　㊡なし
12:00～18:30（変更の可能性あり）　㊡月～水

黒ホッピーとホッピー社の
シソサワーのカクテル「大岡川」

ホッピー仙人

究極のホッピーを求めた、横浜野毛都橋商店街にあるホッピー専門店。生ホッピーが飲める店としても知られています。『もう一杯飲みたいな〜。2軒目に行っちゃうか！』と気軽に立ち寄るならココ！」

横浜市中区宮川町
1-1-214
（都橋商店街2階）
☎045-242-1731
19:00〜22:00
㊡日・祝

KULA KULA Dining

100年の歴史を持つ蔵の中で、地場の野菜や無農薬野菜、国産の牛肉・豚肉を使用するなど素材にこだわり手間をかけた料理と、焼酎・果実酒を中心に日本酒やワインなど幅広く揃えた、厳選したお酒が楽しめる。「23:20までの番組を作っているので最近はなかなか行けていないのですが、"ここぞ"という時に利用するお店です」

横浜市中区花咲町2-60 ☎045-341-4505
17:30〜25:00 ㊡無休（年始年末を除く）

スタッフの野毛LOVE!!

noge 野毛

横浜番外編

〈Fm yokohama〉『だめラジオ』
ディレクター
野毛案内人
加藤淳一さん

『だめラジオ』のディレクター、通称、梅干しヘッドです。変な人が変な人を毎回招いてやる番組、楽しんで作らせてもらっています。

横浜市の中でも、再開発されたみなとみらい地区とは対照的に、昭和の雰囲気が残るのが野毛。終戦直後、闇市として賑わった名残もあり、"酒飲みの聖地"と呼ばれるほど、野毛には「食」と「酒」の名店が多い。

〈横浜市立野毛山動物園〉などほっこりした観光スポットもあるが、かねて（連載が始まって少し経ったくらい）よりトミタは「20歳になったら野毛で飲みたい」と言っていたほど、野毛に憧れていた。ラジオのスタッフから「野毛はいい」という話を聞いていたらしい。

※2014.5月号

伊豆天城鹿の
タタキ!!!

ビストロバル ジィーロ

有名ホテルのシェフがやっている人気店。珍しいジビエやラムが美味しい。店長のジロウさんが釣ってきた魚を出してくれたりする」と渡邊さんが教えてくれたお店。店長の知り合いの有名猟師から直接仕入れたエゾ鹿や猪など"本物の味"が味わえる。お酒は、「美味しい」はもちろん、リーズナブルであることも大事にしている。ホテル時代と同じ食材を使用するというこだわりも！

横浜市中区野毛町1-29 ☎045-315-6924
17:30〜24:00 ㊡不定日

ランチ・メニューである「スパランチ」。パスタとチキンカツとサラダが付く。

センターグリル

「太麺パスタのナポリタン」、「ふわふわとろとろオムライス」など気になる品ばかり。「洋食の有名店。ケチャップを使ったナポリタン発祥の店だったと思えます」（ナポリタンは横浜が発祥。元祖は〈ホテルニューグランド〉だが生トマトを使用していた）

横浜市中区花咲町1-9
☎045-241-7327 11:00〜21:00
㊡月（※祝日の場合営業）

野毛といえば夜だけど、
ランチはここにきたい

〈Fm yokohama〉『だめラジオ』
担当プロデューサー
野毛案内人
渡邊陽介さん

野毛の辺りも最近はオシャレな店が増えて、若い人に人気らしいです。※渡邊さんは次ページでも登場！（予告）

お店の外観やエレベーターの絵も可愛い

野毛山公園
1926年に開園した、横浜公園、掃部山公園に次ぐ歴史ある公園。展望地区、散策地区に分かれており、野毛山動物園も園内に。「お花見がオススメ。展望地区と動物園を結ぶ歩道橋からは富士山がデデンと見えます!」とたなかちゃん。

横浜市西区老松町63-10
☎045-231-1307

バーカモメ
「しーちゃんが生まれていない昭和時代の歌謡曲をお店のお姉さんがレコードでかけてくれます。ソファーとかもやらしくて、なかなかいい感じ。お店の雰囲気とは違ってカモメハイボールがさわやかで本当に美味しいんです!」と大絶賛のバー。

横浜市中区宮川町2-15-2F
☎045-315-3636
18:00～0:00
㉁火・水

トミタ栞の『だめラジオ』

ここは連載で行った〈R〉さん2軒目だよ

辨天橋
「隠れた夜景スポット。ランドマークタワー、クイーンズスクエア、コスモクロック21、汽車道など、みなとみらいの景色が一望できる桜木町駅近くの辨天橋。大岡川の河口沿いはウッドデッキの遊歩道になっていて、散歩をしたりベンチで休憩したり気持ちの良いところ」

大きなハンバーグがまるまる入ってる!

いつか公開ラジオしたいなぁ…

野毛案内人

〈Fm yokohama〉『だめラジオ』
アシスタント・ディレクター
たなかちゃん

初めての1人暮らしが関内だったのでしーちゃんの「みなとみらい」を聴くとツーンときます。いつか野毛でだめラジオ公開生放送がしたい!

Kikuya Curry

具材を決め、味を決め、ライスの量を決めるという独特のメニュー選び。優しいのにスパイスが効いたさらっとめのカレーが最高!「野毛動物園からの坂の途中にある有名なカレー屋さん。平日のオープン直後は意外に空いてます」とたなかちゃんから豆情報。

横浜市中区野毛町4-173 天悦ビル101
☎045-231-0806
(月～金)11:00～14:30(L.O) 17:00～20:00(L.O)
(土・日・祝)11:00～20:00(L.O) ㉁月

野毛山動物園なかよし広場

「モルモットにさわりたい人は触れる。ぎゅうぎゅうになって遊んでいるハツカネズミたちがとにかく可愛いです」たなかちゃんの癒しスポット?

横浜市西区老松町63-10 ☎045-231-1307
(平日)9:45～11:45 12:15～14:15
※12:15～13:15閉場の場合あり 14:45～16:15
(土日祝)【午前の部】10:00～12:00
【午後の部】13:30～15:30(整理券による入れ替え制)
※最終入場:午前の部11:40／午後の部15:10

スープめちゃウマ！

華隆饗館（カリュウサンカン）

渡邊さんが「刀削麺と四川料理のお店ですが、刀削麺だけでなく、麻婆豆腐も美味しいです!」と絶賛するお店。看板メニューである「牛肉刀削麺」のスープはとんこつベース。旨味たっぷりなのに濃過ぎない、スープも全部飲み干せる味。上のパクチーもじんわりした辛みも最高。四川料理店でメニューも豊富。

横浜市中区長者町5-71-1 エスポワール伊勢佐木長者町 1F
☎045-261-6079 （日〜木）11:00〜2:00 （金・土）11:00〜3:00 ㊡年中無休

おすすめの関内スポット

kannai 関内

横浜番外編

港町だけあって、レトロな雰囲気に異国情緒も加わった、ひと味違う空気が流れる。オフィス街なので繁華街や飲食店も充実。みなとみらい21などがある一方で元赤線地帯の日の出町と黄金町もある懐の深さ。

JR根岸線・横浜市地下鉄である関内駅の周辺は、みなとみらい線の馬車道駅、横浜市地下鉄の伊勢佐木町駅、京浜急行本線の日の出町駅があるのでアクセスは非常に良い。トミタがMCを務めていた〈tvk〉番組『saku saku』や、『だめラジオ』を放送中の〈Fm yokohama〉がある。 ※2018.10月号

関内案内人

〈Fm yokohama〉『だめラジオ』ディレクター
渡邊陽介さん

野毛に続いて!『だめラジオ』スタートの時、自分から『だめ』と言っちゃっていいのかと社内がざわついたんですが、長く続けられて良かったです!」

オープン・キッチンから生まれる素材重視の料理!

チャコールグリル グリーン 馬車道

「お肉の美味しい炭火焼きのお店。〈tvk〉の人も良くいるイメージ」と渡邊さん。化学調味料や添加物などを使用しない料理と、国産クラフトビール、カリフォルニア中心のワインなど充実したラインアップのお酒が揃う。前ページ登場の加藤さんもオススメしていた。

横浜市中区弁天通6-79 ☎045-263-8976
11:30〜14:30(LO13:45) 17:00〜24:00(LO23:00) ㊡年中無休

浜志まん

名物であるボストンクリームパイは、アメリカのボストンで生まれたケーキ。横浜・アメリカ間を運航していた旅客船の菓子職人を雇ったことがきっかけで生まれたとか。「ボストンクリームパイは大きいのも小さいのもいただけるのが嬉しい。スポンジが柔らかくて噛まずに飲めるケーキ!」渡邊さんの他、前ページの田中さんも推薦!

横浜市中区伊勢佐木町5-129 ☎045-252-4001
10:00〜18:30 ㊡月(祝の場合は翌日火)

スポンジに生クリームと、天然バニラを使用したカスタードクリームをサンドしたボストンクリームパイは、神奈川県の指定銘菓にもなっている。60年以上のロングセラー商品!

焼肉ハウス 大滝

「どの肉もまじで美味い! 個室が特にオススメなので打ち上げはここでやりたい」と渡邊さんが打ち上げを熱望する焼肉店。"ヤザワミート"から厳選した最高素材を入荷、黒毛和牛「A5」にこだわり、牛の品種や生育地などの生産履歴も公開する安心さ。

横浜市中区南仲通3-35
横浜エクセレント3 1F
☎045-664-2929
17:00〜24:00
(LO23:30) ㊡日

『saku saku』でお世話になった〈tvk〉の前でパシャリ

76

アツアツだよー
クリーミーだよー

横浜市中区の
「区の花」でもある

トミタが注文したのはエビの入ったドリア。「ご飯の量も過ぎず、ちょうど良いですね」

カフェ・ボンソワ

連載取材中、このお店の前を通りかかり、「あれ、収録の後にきたことがあるお店かも」とトミタが言うので入ってみたらやっぱりそうだったという喫茶店。焼カレードリアがおすすめで、シンプルで飽きのこない味が後を引く。

横浜市中区海岸通4-22
☎045-212-5070
8:30〜17:00
㊡土・日・祝

横浜公園

「関内駅からほど近い広い公園。木々や池、噴水はもちろんのこと、4月中旬には、色鮮やかなチューリップが満開に咲きます。ゆっくり、のんびりお散歩できるスポットです」関内駅からすぐ。山下公園ほど観光化されてはいないが、日本庭園や遊具も充実した、隠れ穴場スポット?

神奈川県横浜市中区横浜公園

関内案内人

〈ソニー・ミュージックアーティスツ〉
現場マネージャー
マミーさん

トミタ栞が所属する事務所の担当現場マネージャー。『バァフアウト!』の連載で関内を一緒に回った事が、すでに懐かしく思えます。

トミタ栞の身近なスタッフ

関内散歩がきっかけで
「みなとみらい」
という曲を作ったよ!

イギリスから
輸入された
「獅子頭共用栓」
なんだって

野菜も
たっぷり
とれる!

味のラーメン 海賊

「おすすめのメニューは、海賊ラーメン。餡がかかった海鮮醤油のラーメンで、トロリあつあつで美味しいです。〈tvk〉の近くなので、〈tvk〉に行った後などによく行っていました」と佐藤さんが語る海賊ラーメン。ヴォリュームもたっぷり! しかも、特に白菜を中心とした野菜の具材の多さが嬉しいところ。店内は近隣のサラリーマンで溢れる。気の良い店長も!

横浜市中区南仲通3-30-2
☎045-651-3838　11:00〜15:00、17:00〜25:00　㊡日

ちょっと
緊張…

横浜スタジアム

「関内駅より徒歩2分。〈横浜DeNAベイスターズ〉の本拠地として使用される野球場。トミタにとっては2014年に始球式を行い、奇跡的にストライクを投げたという想い出の地でもあります」と甲子園さんも懐かしい気持ちでいっぱいの場所。言わずもがな、開放感溢れる素晴らしい球場!

横浜市中区横浜公園内

関内案内人

〈エピックレコードジャパン〉
担当プロデューサー
佐藤 大さん

トミタが所属するレコード会社の担当A&R。トミタは横浜での稼働が多いので、その際によく利用したお店です。

関内案内人

〈ソニー・ミュージックアーティスツ〉
チーフ・マネージャー
甲子園さん

トミタ栞のデビュー当時からマネージャーとピッチングコーチを務めている。

> まだまだ
> 行った！

こんな街、あんな街！

連載を続けてきて、本当にいろんな街へ繰り出しました。「名前は聞いたことがあるけど行ったことがない街」について、得てしてトミタは、「もっと住宅街だと思っていた」ということが多かったのが印象的です。

> 井の頭公園

連載一周年記念で行った吉祥寺。「住みたい街」になる理由がわかった気がしますと語っていた。駅から離れると雰囲気が全然違うことと、「意外にコンビニが少ない！」と驚いていた。
※2014.9月号

> 戸越銀座

東急池上線の戸越銀座駅を降りてすぐ、約400もの商店が並ぶ、日本屈指の名物商店街。道中では偶然にも、〈まみね電気〉さん横にて、はらぺこめがねさんの作品が描かれた壁を発見！
※2018.1月号

> 秋葉原

「アニメでよく出てくる街だったので上京したての頃はよく行っていた」という。連載時は裏道もガッツリ歩く。この時も、顔出し看板を見つけてはパネルの裏へ。 ※2015.2月号

> 人形町

「試験勉強の時、毎日自分で作っていた」というほど甘酒が大好きなトミタは、甘酒横丁を歩くのがとても楽しかったよう。この回のみの登場になるもカメラマンのオノツトムさんに素敵な写真を撮ってもらう。
※2014.1月号

> 中目黒

「区の境目」が気になり、目黒区と渋谷区の街区表示板を何度も確認していた。「乗り換え面倒な電車より歩く方が楽しい！」 ※2016.5月号

> 日比谷

写真は〈日比谷公園〉にて。トミタの「写真の撮られ方テク」も飛躍して上がっていた時期で、道中で斜めにズレた看板を発見すると、「風に飛ばされた看板」と見立てて、それを追いかけるようなポーズなどしていた。
※2016.6月号

「磯沼ミルクファーム」

「東京でも牛に会えるの?」という素朴な疑問がきっかけで行く。八王子山田駅より徒歩5分!　※2013年12月号

「光が丘」

「そういえば練馬区はあまり行ったことがないね」という話から「地名が気になる」ということで光が丘へ。写真は〈夏の雲公園〉にて。　※2016年3月号

「お台場」

連載後期、「そういえばお台場って行っていませんよね」ということで。夜にはライトアップされる「女神のテラス」の前にてパシャリ。　※2018年7月号

「宮崎台」

「坂の途中に駅があるんや!」とびっくりしていた宮崎台駅からスタート。隣の溝の口駅の間は坂道と階段が多く、登ったり下ったりを繰り返す。写真は「崖っぷちに立つ人」がイメージなんだとか。民家が並ぶ静かな通りで白鳩の小屋も発見する。　※2015年6月号

「等々力」

23区内唯一の渓谷という〈等々力渓谷〉へ。〈等々力不動産〉ではしっかり御朱印も書いてもらっていた。渓谷を出て、玉川方面、そして住宅街を抜けて、二子玉川駅まで歩く。　※2014年8月号

「東京スカイツリー」

この前の回の乃木坂編で東京タワーへ行ったので、「次は東京スカイツリーに行きたい!」と予告していた通り参上。そこから浅草方面に向かう途中の〈隅田公園〉の遊具の多さにびっくり!　※2014年7月号

「へのつっぱりはいらんですよ」
「中野」

「中野ブロードウェイ」の地下から4階まで練り歩き好奇心が刺激された回。その後は、「中野セントラルパーク」や「中野四季の森公園」でほっこり。「しかしいちいち"中野"が付きますね…」とはトミタ談。　※2016年12月号

79

銀座

〈銀座三越〉ライオン像と。実はこのライオンにずっと会いたかったそう。「いつか銀座で買い物できるようになりたいな」
※2014.11月号

高尾山

紅葉に合わせ？髪は赤色、服装は落ち葉色という装い。「展望台」近くにあった「高尾山ピンバッヂ」のガチャポンで、見事一番欲しかった天狗のピンバッチを当てて大満足。頂上までのコースの1つ「4号路」という吊り橋にて。
※2016.1月号

虎ノ門

〈森のこぶた〉というニット・カフェや〈虎ノ門ヒルズ〉へ。長い坂道を発見し上がっていくと〈愛宕神社〉が！長い階段も印象的。
※2016.11月号

男はつらいよ

柴又

柴又駅から歩き〈ハイカラ横丁〉店内でピンボール・ゲームに挑むも…。〈柴又帝釈天〉でおみくじを引くも…という回。そんな時もあるある！
※2014.12月号

巣鴨

〈とげぬき地蔵尊・高岩寺〉の書院に入らせてもらえることに（約20回分ほどお世話になったカメラマン、岩澤高雄さんの紹介で）。しかも甘いお茶菓子までいただく！この日の終着は都電荒川線の庚申塚駅。
※2015.4月号

水道橋

「水道橋と聞くと『渡る世間に鬼ばかり』を思い出す」とトミタ、連載中期にお世話になったカメラマン、ヒガシズカさんが「〈幸楽〉という名前が出てくるからかな？」と鋭い返しを。
※2015.12月号

元町・中華街（神奈川県）

初の夜散歩の回。〈山手111番地〉、〈Bay Hall〉と経由し、最後はやはり中華街へ行く。
※2014.2月号

祖師ヶ谷大蔵

「『ウルトラマン』な商店街を歩きながら「小田急線らしい町並み」とトミタ、東京に詳しくなってきた。
※2018.4月号

80

鎌倉

「実は〈鶴岡八幡宮〉の大銀杏が倒れた時、地元から見にきたことがある」というトミタ。トミタ一家は神奈川大好きですものね！
※2015.9月号

青物横丁

日本の鉄道の駅名で唯一「横丁」が付くという青物横丁。〈旧東海道〉の看板を見たトミタは、「なんか〈旧〉って可哀想。こっちが最初にできたのに」と哀愁深い発言をしていた。
※2016.4月号

日暮里

西日暮里駅からスタート。道中では、谷中銀座の「夕焼けだんだん」を登り切ったどら焼き屋でどら焼きを頬張る。日暮里駅近くの歩道橋上は鉄道マニアも集う写真スポット！
※2013.11月号

酉の市（新宿・花園神社）

カメラマンはこの時のみ登場の山本光恵さん。「可愛い！」と褒めてくれる。まんざらでもなさそうなトミタが印象的だった。
※2015.1月号

広尾

今はなき〈広尾湯〉の前にて。当時色々と物件を探していたトミタは不動産屋の前によく立ち止まるも広尾では「…家賃高い！」と険しい顔。高級スーパーにも寄りつつ〈有栖川記念公園〉へも赴く。
※2016.2月号

武蔵小杉

駅を出て向かった多摩川の河川敷にてパシャリ。新丸子駅前は様々な店が揃い、「住みやすそう！」とトミタ。
※2016.7月号

大手町

ヒヒーン

「皇居を一周してみたい！」という声から始まり、待ち合わせは二重橋前。写真は楠木正成像の前にて。『箱根駅伝』のゴール地点へも行った。
※2014.3月号

81

五反田

「夜に何度か友達とご飯を食べにきたことがある」と言っていたトミタ。五反田駅近くのたい焼き・輸入雑貨のお店〈ダ・カーボ〉でたい焼きを食す(シッポには仕掛けがある)!
※2017.12月号

駒沢

〈駒沢公園〉の「東京オリンピックメモリアルギャラリー」へ。1964年の『東京オリンピック』開催時の資料などが展示、体験コーナーもあり。
※2018.5月号

元住吉(神奈川県)

窓の向こうの線路は近未来感あり。「ブレーメン通り」という可愛い名の商店街を歩く。なんでもドイツのブレーメン州の商店街と友好提携しているとか。
※2018.3月号

田町

4周年記念ライヴ『HAPPY TIMES』の時のグッズTシャツを着るトミタ。田町駅と品川駅の真ん中には50年ぶりに山手線に新駅ができるという看板ができていた。
※2017.8月号

御坂農園(山梨県)

番外編としてトミタびと限定の『オーバーオールDEぶどう狩り』へ同行。トミタのファンの方々の優しさ、温かさ、シャイさが印象的で、トミタは幸せ者だなぁと感じ入った回。
※2017.10月号

渋谷

ワォーン

トミタおすすめの「映え」スポットをまわる。「渋谷自動車営業所」の近くには動物の絵が書かれた壁も。恵比寿駅近くの「長者丸踏切」もサイズ感が好きとのこと。
※2017.1月号

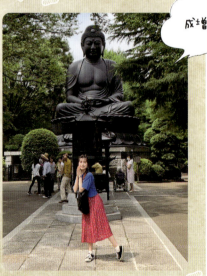

成増

連載初、東武東上線に乗車の回。乗蓮寺にある東京大仏前にて。奈良、鎌倉に続く大仏。〈赤塚植物園〉ではこの時期紫陽花が咲いていて綺麗だった。住宅街に畑も発見。下赤塚駅まで歩く。
※2018.8月号

82

上町

世田谷駅を降りると、『世田谷ボロ市』中につき出店がたくさん！ ここでも甘酒を飲むトミタがいた。
※2017.3月号

梅ケ丘

駅からすぐに〈羽根木公園〉は散歩するのに最高の場所。ぼんやりとひなたぼっこする人もたくさんいた。
※2017.4月号

北千住

写真は荒川土手を下りようとするもビビりまくって子供が先導してくれた絵。猛暑につき帰りに駅前でビールを一杯。「こんな時間から飲める幸せ！」 ※2017.9月号

乃木坂

トミタが所属する〈エピックレコードジャパン〉があるソニー・ビル前で（現在は市ヶ谷へ移転）。この後東京タワーを見に行く。※2014.6月号

江ノ島（神奈川県）

家族そろって（特にお父さん！）サザンオールスターズのファンということで、小さい頃からよく来ていたトミタ。おすすめの夕景スポットなど教えてくれる。ただし〈江島神社〉の長い階段を前に、「…上がります？」と引け腰。トミタも年を重ねました…。
※2018.9月号

新大久保

スーパーにてお菓子や乾物、乾麺の驚愕の安さに笑うトミタ。この日のお目当ては韓国コスメ・ショップ。色とりどりのネイルが並ぶ棚に駆け寄るトミタがいた。〈戸山公園〉を経て高田馬場駅へ。
※2015.3月号

池袋

大塚駅から開始し住宅街を歩いて行くと〈上池袋図書館〉が。猛暑日につき入る。図書館へ行くと「まず絵本コーナーへ行く」というトミタ。
※2016.10月号

春夏秋冬お散歩コーデ

「上着は袖のボタンが閉まらないけど、丈感と肩の位置がちょうど良いので気にしない！ スカートの丈はこれくらいが一番好き。時計は〈OMEGA〉のシーマスター。昔、父が母に贈ったものを譲り受けました」

自慢の時計、見せたいよねー

ジャイ子ってよく言われる

上手くないのにマイ・ダーツ

「春は出会いの季節と言いますが、待っていても出会いは訪れない。そんな時、私はダーツと数枚の100円玉を持って1人でダーツをしに行きます。隣の団体がお酒でも奢ってくれないかなぁと思う瞬間もありますがそんな上手い話はなく」

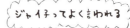

「普段はボーイッシュな恰好をしがちな私が気兼ねなく女子カラーを身につけられる時期なので、全力で春に乗っかりがちです。ちなみにキャップは明大前の〈WILKO〉で購入」

私のメイク・ポーチ

「ポーチは去年、〈鎌倉てづくり屋〉で久々に母にねだって買ってもらったもの。このお店では、高校生の時に筆箱も買ってもらいました。右の透明のパフは、『何かニギニギしたいなぁ』と思って100均の〈ダイソー〉で買いました。リップはよく失くすので週一で買っているかも」

ポケット扱い

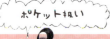

「ポケットにモノを入れがちで失くしがち落としたりもするのですが、このカバンを持っている時はそれが予防できます。大き過ぎないから、モノを詰め込み過ぎなくて済むのも嬉しい」

84

WINTER

「一目惚れして買った帽子は、都立大の〈NOOK〉で。実は芸人のウラシマンタロウさんとはらぺこめがねさんとお揃い。冬は黒いアウターが多いけど、〈CANDY STRIPPER〉のアウターはカラーもあって大活躍」

ポカポカ

前歯、出がちよねー

くちびるが好き♡

「雪国育ちなのに耳が冷たいのだけは我慢できない私は耳を守れる帽子をいくつか持っています。左下は〈CA4LA〉、赤いのは〈RNA〉」

なんでも詰め込む!

「〈MICHAEL LINNELL〉のカバンはとにかくポケットが多い! そして丈夫! なので、ガサツでものが多い私にはぴったりのカバンなんです」

「『saku saku』時代、20歳の誕生日に番組スタッフさんに頂いたもの。マスク入れとして使っていますがティッシュも入ります。今の方がしっくりくるポーチ」

とにかくぬりまくる

貼るのも貼らないのも好き

「よくスタッフさんがくれて。散歩が終わって電車に乗ると地獄のように暑くて悩まされることもありますが、電車を降りるとまたすぐに感謝する有り難い存在」

「〈davines〉のヘア・オイル。羨ましがられることもありますが、自分では大のコンプレックスである毛量。乾燥する冬はこのオイルを必要の3倍くらいぬる!」

四コマ漫画で見る

お散歩裏話

作・トミタ栞

夏の散歩でも日焼け止めは塗らないし、雨が降りそうな日なのに傘も持ってこなかったトミタ栞。だけど成長したところだっていっぱいあるんです！が、ここでは本人裏話を…。

雨の日も…

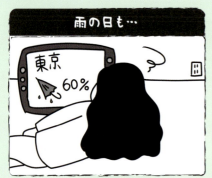

私は降水確率60%でも基本は傘を持たない。

流石にお散歩の撮影の日は悩む。
…けどだいたい持たない。

結局雨が降って来てきて…困る。

お散歩の編集さんが私分の傘を持ってきてくれていて、助かる。
だから私は5年間続けてこれた。

この頃はまだ笑顔ーサクサク描いてたよー

「家では作業がはかどらない」と、イラスト描きは『バァフアウト！』編集部にて。締め切り近くはそれでは間に合わず、家で宿題の日々。深夜までやりとりが続くことも…。お疲れ様でした！

カバン重そうだね

私のカバンはいつも重い。

なにかと詰めて歩くから、お散歩中もカバンが重い。

笑顔で撮影してるつもりでも、
2時間ほど歩いていると疲れてきて…顔に出てしまう。

編集さんはそんな私の事を全て見抜くから、
いつからか荷物の軽減化をするようになった。
だから私は5年間続けてこれた。

ごちそうさまでした!

お散歩の撮影後、編集さんとその町で見つけた
いい感じの喫茶店に入る。

編集さんもマネージャーさんもみんな
コーヒーとかの飲み物を頼む。でも私は…

ご飯までご馳走になれないかと、タイミングを計っている。
それを見た編集さんは「食べなよ!」と言ってくれる。

お散歩の後はだいたい、お腹も満たしてもらえる。
だから私は5年間続けてこれた。

おわりに

行きたい町は見つかりましたか？田舎から出てきた19歳〜24歳の1人の娘が見てきた5年間。東京は、いくつもの国のように自分の居場所を教えてくれます。自転車も車も電車もいいけど、移動手段として"歩く"をこれからもメインに生きていこうと思います。そして今回、沢山の絵を描きました。協力してくれた人達の似顔絵や沢山の自分。地図の上のイラスト。絵を仕事としていない私は1つ書くのも時間がかり、凄く苦しかったけど、絵を描くスキルが確実に上がりました。何かに追い込まれた時、思わぬ覚醒をするとはこのことかと。この本の発売まで繋げてくれた編集さんをはじめ、沢山の方に「ありがとうございます」。

トミタ栞

トミタ栞の東京歩き本

2018年12月15日　第1刷発行

著者・イラスト	トミタ栞
エディター	堂前 茜 多田メラニー 上野綾子
アートディレクション	鈴木利幸(united lounge tokyo)
デザイン	武本義博(united lounge tokyo) 廣宮 圭(united lounge tokyo) 大野里菜子(united lounge tokyo)
撮 影	(表紙)佐藤航嗣(UM) (連載写真)岩澤高雄、ヒガシズカ、オノツトム、山本光恵、『バァフアウト!』編集部
ヘアメイク	(表紙・季節コーデ)佐々木 篤(GLUECHU)
協 力	ソニー・ミュージックアーティスツ エピックレコードジャパン
発行人	山崎二郎
発行・編集	株式会社 ブラウンズブックス 〒155-0032東京都世田谷区代沢5-32-13-5F TEL.03-6805-2640　E-MAIL.mail@brownsbooks.jp
	ISBN978-4-344-95347-5 C0095　¥1111E ©Brown's Books 2018 Printed In Japan 禁・無断転載
発 売	株式会社 幻冬舎 〒151-0051 東京都渋谷区千駄ヶ谷4-9-7 TEL.03-5411-6222　FAX.03-5411-6233
印 刷	株式会社 シナノ パブリッシング プレス

※落丁本・乱丁本などの不良品はお取り替えします。
※定価はカバーに表示してあります。